Rolf Hennig · **Das Schwarzwild**

Das Schwarzwild

Von Rolf Hennig

LANDBUCH-VERLAG GMBH · HANNOVER

Umschlagfoto: Jürgen Weber

Fotos im Bildteil:	Manfred Danegger	S. 1, S. 4 unten
	Rolf Hennig	S. 2 unten, S. 5 unten, S. 9 oben, S. 9 unten, S. 10 unten, S. 11 unten, S. 12.
	R. Hoffer	S. 3 oben.
	Hans Laßwitz	S. 2 oben, S. 8 oben, S. 10 oben, S. 11 oben.
	Walther Rohdich	S. 6, S. 7.
	Jürgen Weber	S. 3 unten, S. 4 oben, S. 5 oben, S. 8 unten.

Zeichnungen:	Rolf Hennig	1
	Gerti Pape	10

Landbuch-Verlag GmbH, Hannover, 1986

3., verbesserte Auflage

Satz, Druck und buchbinderische Verarbeitung:
Landbuch-Verlag GmbH, Hannover

ISBN 3 7842 0327 2

I. Eigenschaften und Lebensweise

Namen

Unser Wildschwein (mit wissenschaftlichem Namen Sus scrofa L.) wird jagdlich als „das Schwarzwild" (Einzahl: ein Stück Schwarzwild) oder als „die Sauen" bezeichnet. Unwaidmännisch ist der leider oft zu hörende Ausdruck „Schweine". Als Schweine gelten nach der Waidmannssprache lediglich Keiler vom 5. Lebensjahr an.

Verbreitung

Diese Wildart ist in diversen Rassen über große Gebiete Europas und Asiens sowie über kleinere Teile Afrikas (hier vor allem in den drei Atlasländern Tunesien, Algerien und Marokko) verbreitet. Auf den Britischen Inseln und in den Skandinavischen Ländern tritt sie nicht auf. Ihr nordöstlichstes Vorkommen liegt im Baltikum. In Europa besonders stark vertreten ist das Schwarzwild — unter Vermeidung der Hochgebirge, schneereicher Mittelgebirge und weitgehend deckungsloser Gegenden — in Deutschland, Österreich, Polen und den südosteuropäischen Ländern. In der Bundesrepublik Deutschland wurden nach der Streckenstatistik des DJV in den letzten Jahren jeweils gut 40 000 Sauen erlegt.

Altersklassen

Die richtige Bezeichnung der Geschlechter und Altersklassen geht aus der nachfolgenden Aufstellung hervor. Als Übergangstermin in die nächsthöhere Altersklasse gilt jeweils der 1. April, also der Beginn des neuen Jagdjahres. Eine Ausnahme bilden die bereits vor diesem Datum gesetzten Frischlinge, die natürlich nicht an diesem, sondern erst am nächsten 1. April in die Klasse der Überläufer aufrücken.

Lebensjahr	männliches Wild	weibliches Wild	allgemein
1.	Frischlingskeiler	Frischlangsbache	Frischling
2.	Überläuferkeiler	Überläuferbache	Überläuf.
3.	zweijähr. Keiler	zweijähr. Bache	
4.	dreijähr. Keiler	dreijähr. Bache	grobe Sauen
5.	angeh. Schwein		
6.	hauendes Schwein	alte Bache	
7.			
ab 8.	Hauptschwein		

Körperbau

In seiner äußeren Gestalt gleicht das Schwarzwild weitgehend dem Hausschwein, das ja vom Wildschwein abstammt. Im einzelnen geht sein Aussehen aus den Abbildungen dieses Buches hervor. Abb. 1 zeigt die richtige Bezeichnung der Körperteile, Abb. 2 die Lage der inneren Organe. Als maximale Maße können in Deutschland gelten: für die Kopf-Rumpf-Länge knapp 2 m, für die Schulterhöhe etwa 110 cm und für das Gewicht (aufgebrochen) etwa 175 kg. Doch erreichen bei uns nur die wenigsten Keiler diese Maximalmaße. In den Karpaten sollen noch wesentlich stärkere Keiler (bis zu 350 kg) erlegt worden sein. Die Höchstgewichte der Bachen liegen bei etwa 50 % derjenigen der Keiler gleicher Gegend.

Färbung und Behaarung

Das Schwarzwild hat seinen Namen nach der im Winter überwiegend schwarzen Grundfärbung. Die ausgereifte Winterschwarte hat über einer dicken und dichten Schicht feiner, krauser, hellerer und sehr wärmender Unterwolle eine zweite Schicht langer, sehr steifer, schwarzer Borsten, die in ihrem oberen Drittel gespalten und heller gefärbt sind. Am längsten sind die Federn, eine breite Borstenreihe, die sich über den gesamten Rücken hinzieht und den soge-

Abbildung 1

Benennung der Körperteile beim Schwarzwild

Abbildung 2

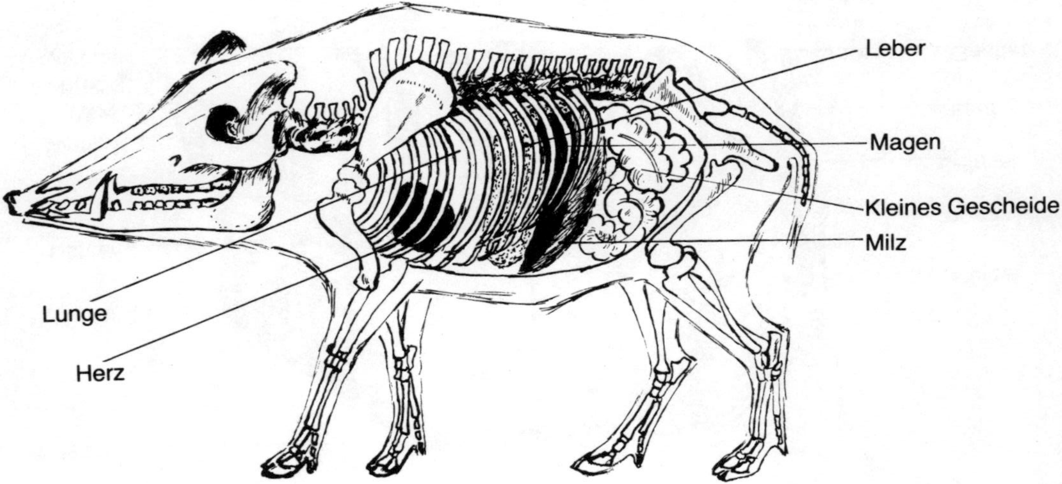

Lage des Skeletts und der wichtigsten inneren Organe beim Schwarzwild

nannten Kamm bildet. In der Gesichtspartie und an den Läufen sind die Borsten kürzer als am Rumpf, am Kopf heller, an den Läufen dunkler. An den Körperseiten verleihen die langen Winterborsten den Sauen oft ein zottiges Aussehen.

Diese Winterfärbung kann sehr unterschiedlich ausfallen, von fast völligem Schwarz bis zu dunklem Silbergrau, und zwar unabhängig von Geschlecht und Alter. Bis zu einem Lebensalter von $1^1/_4$ Jahren läßt sich — vor allem bei günstigem Sonneneinfall — an den Seiten und ganz besonders an den Keulen ein rötlich-brauner Farbton bemerken.

Im Mai bis etwa Mitte Juni — von Jahr zu Jahr und auch gegendweise etwas unterschiedlich — fallen flächenweise Winterborsten und Unterwolle aus. Während dieses Haarausfalls sehen die Sauen scheckig, hinterher völlig nackt und dadurch sehr hell aus. Bald darauf beginnen die neuen Borsten zu wachsen. Im Hochsommer verleihen die kurzen Borsten den Sauen ein glattes, silbergraues Aussehen. In den letzten Sommerwochen und im Herbst wächst die neue Winterschwarte aus. Führende Bachen sind im Haarwechsel mehrere Wochen hinter den anderen Stücken des gleichen Bestandes zurück, was bei genügender Kenntnis des örtlichen Schwarzwildbestandes eine große Hilfe beim Ansprechen sein kann.

Als Abnormität — vermutlich infolge Hausschweineinkreuzung — kommen ganz hellgefärbte oder helldunkelgescheckte Sauen vor. Sie sollten so schnell wie möglich abgeschossen werden.

Entwicklung

Die Frischlinge kommen sehr klein, zart, unbeholfen und anfällig zur Welt. Ihre spätere Robustheit sieht man ihnen noch nicht im entferntesten an. In den ersten Wochen und Monaten nehmen sie jedoch sehr schnell an Größe und Gewicht zu. Anfänglich haben sie die Jugendzeichnung: eine braune Grundfärbung mit gelben Längsstreifen, die nach hinten zu unregelmäßig unterbrochen sind. Diese Jugendzeichnung ist für den sich drückenden Frischling eine ausgezeichnete Tarnung. Nach etwa 2 Monaten beginnen die gelben Streifen sich zu verwischen und sind nach etwa 4—6 Monaten völlig verschwunden. Dann haben die Frischlinge eine einheitliche dunkelbraune Farbe, die zum Spätherbst immer mehr in Schwarz übergeht, jedoch stets bis zum Haarwechsel im nächsten Frühjahr den bereits erwähnten rötlichbraunen Schimmer behält.

Ein rechtzeitig zur Welt gekommener, gut entwickelter Frischling wiegt (aufgebrochen) im ersten Winter 20—30 kg, in Ausnahmefällen sogar noch mehr. Im zweiten Lebensjahr, also als Überläufer, tritt etwa eine Verdoppelung dieses Gewichts ein. Wann ein Stück Schwarzwild voll ausgewachsen ist, läßt sich nicht sicher angeben — keinesfalls jedoch vor Vollendung des vierten Lebensjahres. Die Keilerwaffen nehmen aber auch dann noch in der Stärke zu, etwa bis zur Vollendung des siebten oder achten Lebensjahres. Zumindest an den Schädelknochen läßt sich ein Wachstum so lange feststellen. Die anfangs so stürmische Gewichtszunahme verlangsamt sich jedoch schon wesentlich früher. Absolute Spitzengewichte können etwa vom vollendeten vierten Lebensjahr an erreicht werden. Im einzelnen ist das Wildbretgewicht auch in den verschiedenen Jahren und Jahreszeiten außerordentlich unterschiedlich. Sehr weitgehend wird es von den Nahrungsverhältnissen und vom Winterverlauf beeinflußt. Nach langen und harten Notzeiten kann ein Gewichtsverlust eintreten, den wohl keine andere Wildart überleben würde, den unsere Sauen aber nach Eintreten günstigerer Lebensverhältnisse schnell wieder aufholen.

Die Geschlechtsreife tritt bei den Bachen spätestens mit knapp 1¾ Jahren ein, vielfach jedoch (gegendweise in unterschiedlicher Häufigkeit) schon im Alter von etwa 8 Monaten, so daß — bei einer Tragezeit von rund 4 Monaten — die junge Bache bereits am Ende ihres ersten oder zu Beginn ihres zweiten Lebensjahres erstmalig frischen kann. Weiterhin frischt die Bache im allgemeinen jährlich, doch wird gelegentlich ein Jahr überschlagen.

Geschlechtsreife und Tragezeit

Die Rauschzeit (Brunft des Schwarzwildes) findet hauptsächlich im Spätherbst statt, da dann die meisten Bachen rauschig werden. Der Keiler ist jedoch das ganze Jahr über befruchtungsbereit, und es gibt grundsätzlich keine Jahreszeit, zu der keine Bachen rauschen. Bei sehr gutem Ernährungszustand — nach Mastjahren — kann ein Teil der Bachen (gegendweise in unterschiedlicher Häufigkeit) zweimal im Jahr rauschig werden und auch zweimal Frischlinge setzen und aufziehen.

Rauschzeit

Demzufolge können auch zu jeder Jahreszeit soeben gesetzte Frischlinge vorkommen, selbst im tiefsten Winter. Die meisten Geburten erfolgen jedoch zwischen Mitte Februar und Mitte April, ein zweiter, geringerer Höhepunkt liegt im Juli bis August.

Setzzeit

Kurz vor dem Frischen verläßt die hochbeschlagene Bache die Rotte und sucht sich eine größere, ruhige Dickung als Kinderstube. Dort bricht sie — möglichst unter tiefbeasteten, dichten Fichten — einen Kessel und polstert ihn mit weichen Zweigen, Schilf oder anderem pflanzlichen Material aus. Hier bringt sie ihre Frischlinge — meist 4 bis 8, aber auch wesentlich weniger oder (selten) mehr — zur Welt, die sie in deren ersten Lebenstagen nur für jeweils kurze Zeit verläßt und sich dabei nicht weit entfernt. Im Alter von etwa einer Woche begleiten die Frischlinge die Bache auf erste kurze Ausflüge. Aufs freie Feld nimmt

Geburt und Jungenaufzucht

die Bache ihre Frischlinge im allgemeinen jedoch erst dann mit, wenn sie etwa 3 bis 4 Wochen alt sind. Bis dahin werden die Frischlinge von der Bache in der Dickung abgelegt. Potentielle Feinde, die sich den noch unbeholfenen Frischlingen nähern, werden von der Bache mutig angenommen — oftmals sogar Menschen. Insbesondere auf den Klagelaut eines Frischlings reagiert die Bache sofort.

Ernährung

Anfangs ernähren sich die Frischlinge ausschließlich von Muttermilch. Diese hat einen etwa doppelt so hohen Fettgehalt wie Kuhmilch. Schon bald wird zwar zusätzlich etwas pflanzliche Nahrung aufgenommen, doch dürften die Frischlinge mindestens $^1/_4$ Jahr lang auf die Muttermilch angewiesen sein.

Später nimmt das Schwarzwild als Allesfresser sowohl pflanzliche als auch tierische Nahrung zu sich. Bei genügender Auswahlmöglichkeit zeigen die Sauen ein sehr feines Geschmacksempfinden. Unter der pflanzlichen Nahrung werden Eicheln und Bucheckern bevorzugt, es folgen Mais, Erbsen und Bohnen, Kartoffeln — wobei deutlich zwischen einzelnen Kartoffelsorten unterschieden wird — und unbegranntes Getreide. Rüben werden weniger gern angenommen, Kastanien fast gar nicht. Wo erreichbar, wird gern Fallobst — auch Wildobst — aufgenommen. Eine weitere wichtige Nahrungsaufnahme ist das Abweiden von Klee, Gräsern und Kräutern, ebenso von Adlerfarn, nach dessen Rhizomen das Schwarzwild auch gern im Boden bricht. Die Aufnahme von zusätzlicher tierischer Kost scheint für das Schwarzwild eine Lebensnotwendigkeit zu sein. In erster Linie wird im Boden nach Insektenlarven und Mäusenestern gebrochen. Doch auch Jungwild, Gelege von Bodenbrütern, Aas, selbst Kreuzottern (neben anderen Reptilien) werden aufgenommen, daneben Käfer (außer Mistkäfern) und — wo erreichbar — Fischreste.

Im Gegensatz zu anderen Wildarten hält sich das Schwarzwild bei der Nahrungssuche fast nie längere Zeit an einem Ort auf. Selbst bei reichlichem Nahrungsangebot ist es dauernd in Bewegung und legt in einer Nacht weite Strecken zurück. Diese Art der beweglichen Nahrungsaufnahme dient sowohl dem Abwechslungsbedürfnis in der Ernährung als auch der Befriedigung des großen Bewegungsdranges unserer Sauen.

Sinne

Von den Sinnen des Schwarzwildes ist zweifellos der Geruchssinn am stärksten ausgeprägt. Er steht dem des Rotwildes keineswegs nach und kommt den Sauen nicht nur für das frühzeitige Erkennen von Gefahren zugute, sondern auch bei der Nahrungssuche, insbesondee für das Auffinden im Boden verborgener Insektenlarven usw. Es ist auch schon mehrfach beobachtet worden, daß Sauen die Schweißfährten krankgeschossenen oder anderweitig verletzten Wildes korrekt wie ein guter Schweißhund ausgearbeitet und so das inzwischen verendete Stück gefunden haben.

Sehr gut entwickelt ist auch das Gehör der Sauen. Einzelne Stücke vernehmen auch die leisesten verdächtigen Geräusche. In der Rotte beachten sie allerdings Fremdgeräusche nicht so sehr, weil sie dann selber oft einen beträchtlichen Lärm verursachen.

Relativ schlecht entwickelt ist dagegen das Sehvermögen der Sauen. Einen unbeweglich vor einigermaßen günstigem Hintergrund stehenden Menschen vermögen sie, selbst auf kurze Entfernung, nicht zu erkennen.

Schließlich sei noch der gut entwickelte Tastsinn im Wurf der Sauen erwähnt, der ihnen — neben dem

Geruchssinn — bei der Suche nach Insektenlarven im Boden sehr nützlich ist.

Laut-äußerungen

Die Lautäußerungen des Schwarzwildes sind dieselben, die man im Schweinestall hören kann. In einer vertraut brechenden Rotte wird ständig leise Stimmfühlung gehalten. Wer öfter Gelegenheit hat, Schwarzwild zu belauschen, wird bald die Stimmen der lockenden, warnenden oder befehlenden Bache, der die Mutter suchenden oder Milch fordernden Frischlinge, streitender oder gar ernsthaft kämpfender Stücke, die Klagelaute der verschiedenen Altersstufen, die verschiedenen Warn- und Wutlaute, das Wetzen des Keilers usw. unterscheiden lernen. Es gibt keine andere Wildart, die ihrer Stimmung so sehr durch Lautäußerungen Ausdruck zu verleihen vermag. Das geschieht allerdings fast ausschließlich in der Gemeinschaft — einzelne Stücke lassen nur sehr selten einen Warn- oder Klagelaut hören, alte Einzelgänger wohl überhaupt nicht.

Gemein-schaftsleben

Die Bache führt ihre Frischlinge bis zu deren Selbständigwerden. Tut sich die Bache zum erneuten Frischen von der Großrotte ab, bleiben ihre eigenen Frischlinge in ihrer Nähe, um sich bald nach dem Frischen der Mutter wieder eng anzuschließen, so daß die Bache dann Frischlinge verschiedener Würfe führen kann. Überläuferkeiler werden im Alter von 12 bis 18 Monaten aus den Mutterrotten ausgeschlossen, notfalls gewaltsam vertrieben. Überläuferbachen bleiben zumindest bis zum eigenen ersten Frischen in der Mutterrotte, meist aber auch danach. Oft leben mehrere führende Bachen mit ihren Frischlingen und den noch bei ihnen befindlichen Überläufern in einer Großrotte zusammen. Die Bachen einer solchen Großrotte sind sämtlich eng miteinander verwandt (Mutter und Töchter, eventuell Enkel, Schwestern usw.). Kommt eine der Bachen um, werden ihre

Frischlinge von den anderen Bachen weiter geführt, im allgemeinen aber nicht gesäugt. Innerhalb der Rotten herrscht eine strenge Rangordnung, die in erster Linie eine Altersrangordnung ist. Innerhalb der einzelnen Altersklassen wird die Rangordnung erkämpft. Fremde Stücke werden nicht in eine Rotte aufgenommen — ausgenommen Keiler während der Rauschzeit. Wird eine Rotte zu groß, teilt sie sich.

Man kann also folgende Typen von Rotten unterscheiden:

1. Eine oder mehrere führende Bachen mit ihren Frischlingen;

2. Frischlingsrotten (nach Verlust der Bache oder während deren Abwesenheit zum erneuten Frischen);

3. Überläuferrotten (ehemalige Frischlingsrotten nach dem Aufrücken in die nächsthöhere Altersklasse, also nach dem 1. April);

4. gemischte Rotten aus führenden Bachen mit ihren Frischlingen und Überläufern.

Zweijährige oder ältere Keiler sind nur vorübergehend bei einer Rotte anzutreffen, wenn in ihr eine Bache rauschig ist. Sonst ziehen sie allein und suchen auch andere Einstände auf.

Aktivität

In vielen unserer Reviere erscheint das Schwarzwild als fast reines Nachttier. Das entspricht jedoch keineswegs seiner Natur, sondern ist nur eine Folge scharfer und vielfach unzweckmäßiger Bejagung. Wo die Sauen nicht oder schonend bejagt werden, kann man sie zu allen Tageszeiten in lichten Althölzern oder gar auf freien Flächen antreffen, und zwar unter allen Wetterverhältnissen, außer bei scharfem Wind, bei dem sie die schützenden Dickungen möglichst nicht verlassen. Im einzelnen ist der Tagesrhythmus des Schwarzwildes und seiner einzelnen Altersklassen, d. h. die Dauer der einzelnen Aktivitäts- und Ruhephasen, ihre 24-Stunden-Periodik, ihr Wechsel im Jahreslauf usw. noch wenig erforscht. Es kann aber wohl kein Zweifel daran bestehen, daß unser Schwarzwild auch in dieser Beziehung sehr anpassungsfähig ist.

Führende Bachen mit ihren Frischlingen sind — wenn sie nicht gestört werden und Einstand und Nahrungsangebot ihren Bedürfnissen voll entsprechen — sehr standorttreu. Mit dem Heranwachsen der Frischlinge wird der Aktionsradius der Rotten größer und größer. Soweit genügend Auswahlmöglichkeiten vorhanden sind, dienen jetzt mehrere Dickungen in unregelmäßiger Reihenfolge als Einstand, je nach Wetter, Windrichtung, Störungsfreiheit usw.

Die Nahrungsaufnahme vollzieht sich — außer bei Bachen mit noch sehr kleinen Frischlingen — im Zuge des Zurücklegens größerer Wege oder Rundgänge, wobei sich die Sauen meist nur eine viertel bis eine halbe Stunde auf jeder Nahrungsfläche aufhalten und letztere ebenfalls in unregelmäßiger Reihenfolge aufgesucht werden. Nur beim Brechen nach Insektenlarven halten sich die Sauen manchmal über mehrere Stunden auf der gleichen Fläche auf.

Die weitaus größten Raumansprüche stellen ältere Keiler. Beobachtungen deuten darauf hin, daß sie einen individuellen Lebensraum von mehreren oder gar vielen tausend Hektar bewohnen und mehr oder minder regelmäßig durchwandern, wobei sie sich oftmals mehrere Tage an einem Ort aufhalten, um dann wieder für längere Zeit verschwunden zu sein. Sowohl bezüglich der Wahl ihrer Einstände als auch bei der Nahrungssuche halten sich die älteren Keiler im allgemeinen von den Rotten getrennt. Als Einstand wählen sie nicht nur größere Dickungen, sondern oftmals kleinste Deckungen in sonst übersichtlichem Gelände. Zu Rotten stoßen sie nur dann, wenn rauschige Bachen in ihnen vorhanden sind. Schwächere Keiler weichen stärkeren dann meist kampflos. Zwischen annähernd gleichstarken Keilern können sehr heftige, blutige, vereinzelt sogar tödlich endende Kämpfe entstehen. Durch Liebeswerben und Kämpfe wird oftmals ein weit zu hörender Lärm verursacht.

Außer bei der Nahrungssuche bewegen sich die Sauen vielfach auf festen Wechseln, wobei man zwischen Ruhewechseln, Fluchtwechseln und Fernwechseln unterscheiden kann. Gewässer — selbst breite Seen und Flüsse — werden nicht selten auch ohne Not durchronnen.

Das Suhlen

Eine besondere Form der Aktivität des Schwarzwildes ist das Suhlen, das — außer von noch gestreiften Frischlingen — von allen Sauen während des ganzen Jahres gern betrieben wird. Am liebsten werden solche Suhlen angenommen, deren Inhalt aus breiigem Schlamm besteht, die also weder zu trocken sind noch in denen blankes Wasser steht. Auch an schlammigen Ufern von Flüssen, Seen und kleinen Wasserlöchern wird gesuhlt, notfalls sogar in den Pfützen ausgefahrener Waldwege. Nach ausgiebigem Suhlen suchen die Sauen meist die in der Nähe stehenden „Malbäume" auf, an denen sie ihre Schwarte scheuern.

Das Annehmen

Führende Bachen und krankgeschossene Sauen aller Altersstufen, in seltenen Fällen auch in der Ruhe gestörte Überläufer, können Menschen annehmen und beträchtlich, in seltenen Fällen tödlich, verletzen. Keiler schlagen mit ihren spitzen und scharfen Gewehren von unten nach oben und können dadurch sehr tiefe und lange Schnittverletzungen verursachen. Bachen beißen, was wegen der Struktur des Schwarzwildgebisses zu erheblichen Quetschwunden und Knochensplitterungen führen kann.

II. Wildschaden und Ersatzpflicht

Gern gesehener Gast im Walde

Das Schwarzwild kann zwar auch im Walde gewisse Schäden anrichten, etwa durch Fraß von gesäten Eicheln und Bucheckern, durch Zerstörung junger Forstpflanzen beim Brechen, durch Beschädigung von Baumwurzeln sowie durch eine gelegentliche Förderung unerwünschter Vegetationstypen. Zweifellos überwiegt hier aber der Nutzen: insbesondere die durch das Brechen bewirkte Bodenlockerung und die Vermengung der Rohhumusauflage mit dem Mineralboden, die sich bodenverbessernd und vielfach verjüngungsfördernd auswirken; ferner die flächenweise Vertilgung des Adlerfarns, die starke, oft für den Waldbau entscheidende Vertilgung von Mäusen und endlich die massenweise Vernichtung von forstschädlichen Insekten. Bei der Suche nach diesen halten sich die Sauen oft stundenlang auf besonders stark befallenen Flächen auf, brechen sie fast vollständig um und reinigen sie recht gründlich von Larven und Puppen.

Landwirtschaftliche Wildschäden

Demgegenüber kann das Schwarzwild in der Landwirtschaft sehr empfindliche Schäden verursachen. Am stärksten treten die landwirtschaftlichen Wildschäden von April bis Oktober auf, vor allem in Kartoffelschlägen vom Pflanzen bis zur Ernte. Sehr starke Schäden richten die Sauen auch in Weizen, Hafer, grannenloser Gerste und Gemenge an, vorwiegend in der Zeit der Milchreife, aber auch in der Vollreife. Maispflanzungen haben von der Aussaat bis zur Ernte stark unter den Sauen zu leiden, desgleichen Erbsen und Bohnen, während Roggen und Rüben nur örtlich und meist unbedeutend geschädigt werden. Außer den eigentlichen Fraßschäden treten im Getreide (auch im Roggen) vielfach starke Tritt- und Lagerschäden auf. Nach der Getreideernte ziehen die Sauen zunächst noch gern auf die Stoppeln, um die vor allem beim Mähdrusch ausgefallenen Körner aufzulesen oder nach Mäusenestern zu brechen, doch entsteht dabei kein nennenswerter Schaden. Auch die Kartoffeln werden jetzt weniger heimgesucht. Die Sauen bleiben nun meist im Walde, vor allem in Jahren mit Eichel- und Bucheckernmast.

Vom Herbst bis zum zeitigen Frühjahr brechen die Sauen oft stark auf ehemaligen Kartoffelschlägen. Sind diese nachfolgend mit Wintergetreide bestellt, so können beträchtliche Fehlstellen entstehen. Dieser Schaden sieht allerdings auf den ersten Blick schlimmer aus als er zur Zeit der Ernte tatsächlich ist. Bei starkem Befall brechen die Sauen auf Wiesen und Weiden nach Insektenlarven und drehen dabei die Grasnarbe um. Oft genügt zum Beheben dieses Schadens das Zurückdrehen der hochgebrochenen Schollen oder Übereggen mit nachfolgendem Walzen, selten muß eine Weide neu angelegt werden.

Sonstige Schwarzwildschäden

Weitere beträchtliche Schwarzwildschäden können entstehen, wenn die Sauen im Winter Kartoffelmieten aufbrechen und dann eine größere Menge von Kartoffeln erfriert. Ein weiterer Schaden kann — sowohl im Walde als auch auf dem Felde — durch die Beschädigung von Zäunen entstehen.

Landwirtschaftlicher Nutzen

Den landwirtschaftlichen Schäden des Schwarzwildes steht ein gewisser Nutzen durch die Vertilgung von Schadinsekten und vor allem von Mäusen gegenüber. Zwar vermag dieser Nutzen den Schaden nicht auszugleichen, doch sollte er nicht übersehen werden.

Wildschadenersatz

Nach dem Bundesjagdgesetz ist derjenige Schwarzwildschaden ersatzpflichtig, der an noch nicht eingeernteten land- und forstwirtschaftlichen Erzeugnissen angerichtet wird. Die Schäden an Mieten, Zäunen, Haustieren usw., auch aus Verkehrsunfällen mit Schwarzwild u ä., sind also nicht ersatzpflichtig. Bezüglich der Anmeldung, Schätzung und Regulierung der Wildschäden muß auf die einschlägigen gesetzlichen Bestimmungen hingewiesen werden.

III. Wildschadenverminderung

Durch landwirtschaftliche Maßnahmen

Eine vollständige Verhütung von Schwarzwildschäden ist nur durch feste Einzäunung möglich. Durch andere Maßnahmen lassen sich jedoch die Schäden oft beträchtlich vermindern. So sollte man auf Feldflächen, die von Sauen besonders gern und häufig aufgesucht werden (z. B. Äcker im oder am Wald), möglichst keine von Schwarzwild bevorzugten Fruchtarten oder Fruchtsorten anbauen und Wintersaaten nach Kartoffeln vermeiden. Weiter sollte man Äcker mit starken Wildschäden zum frühest möglichen Termin abernten, desgleichen Getreideschläge am Waldrand, um den Sauen den gedeckten Wechsel in die Feldmark zu nehmen. Das kann sie veranlassen, im Walde zu bleiben, und erleichtert auch die Jagd an der Wald-Feld-Grenze.

Durch Wildschadenschutzmittel

Optische Wildscheuchen nützen gegen Schwarzwild überhaupt nichts, akustische — wenn überhaupt — nur ganz kurze Zeit. Früher haben sich manche Verwittrungsmittel recht gut bewährt. In der modernen Landwirtschaft ist das Schwarzwild jedoch so sehr an die verschiedensten Fremdgerüche gewöhnt, daß Verwittrungsmittel meist auch keine große Wirkung mehr haben. UECKERMANN empfiehlt an Handelspräparaten Arbin, Kornitol, M 7 und Raulaut, weiter die Auslegung von Menschenhaaren, die in jedem Frisiersalon in genügenden Mengen zu erhalten sind. Besser sind Elektrozäune aus drei Drähten (möglichst Stacheldrähten) in einer Höhe von 20, 40 und 60 cm über dem Erdboden. Den besten Schutz bietet ein Feldschutzzaun von 1 m Höhe, der durch Heringe, Bodenlatte oder auf dem Boden gespannten Stacheldraht gegen Hochheben und Durchkriechen gesichert ist.

Durch Wildäcker und Fütterungen

Durch geschickte Anlage von Wildäckern und Fütterungen können die Sauen bis zu einem gewissen Grade von den landwirtschaftlichen Nutzflächen abgelenkt werden. Hinsichtlich des Wildackers ist zu beachten:

1. Möglichst ungestörte Lage im Walde (vielleicht sogar zwischen Dickungen) oder am Waldrand, so daß die Sauen ihn auf gedeckten Wechseln erreichen können, auf ihm das Gefühl der Sicherheit haben und auch gegen scharfen Wind geschützt sind, den sie nicht lieben.

2. Anbau der vom Schwarzwild in dieser Gegend besonders bevorzugten Fruchtsorten.

3. Rechtzeitige Bestellung, so daß der Wildacker den anderen landwirtschaftlichen Nutzflächen entwicklungsmäßig etwa 14 Tage voraus ist.

Sehr gut bewährt hat sich die richtige Durchführung von Ablenkfütterungen. Dabei ist es wichtig, das Futter (in erster Linie Mais) so anzubieten, daß die Sauen nicht etwa schnell satt werden und dann doch auf die Felder hinausziehen, sondern daß sie möglichst viel Zeit für die Futtersuche brauchen und es ihnen dann in den kurzen Sommernächten an der Zeit fehlt, noch aufs Feld zu wechseln. An möglichst vielen verschiedenen Stellen innerhalb des Waldes wird zwischen Dickungen und in der Nähe von Wechseln in Alt- und Stangenhölzern, auf wenig benutzten Schneisen oder auf kleinen Ödflächen das Futter täglich dünn über große Flächen (1 ha oder mehr) ausgestreut. Wird für ständigen Nachschub und Störungslosigkeit gesorgt, werden die Sauen lieber ihre Leckerbissen im schützenden Wald als auf dem gefährlichen Feld aufnehmen. Die Notwendigkeit, sich ihre Lieblingsspeise in hoher und dichter Bodenvegetation erarbeiten zu müssen, stößt sie keineswegs ab, sondern kommt vielmehr ihrem Bewegungsbedürfnis entgegen. Wegen der Eigenart des Schwarzwildes, nicht Nacht für Nacht die gleichen Stellen aufzusuchen, sondern immer wieder Pausennächte einzulegen, in denen andere Flächen angenommen werden, muß innerhalb eines größeren Bezirks ein ganzes System von Wildäckern und Fütterungsflächen angelegt werden, damit die Sauen die Möglichkeit haben, zwischen den Ablenkungsflächen abzuwechseln. Eine wirkungsvolle Ergänzung der Wildäcker und Körnungen sind im Walde liegende Salzlecken in Wassernähe und Luderplätze, die mit Aufbrüchen, erlegten Katzen usw. (jedoch nicht mit eingegangenen Haustieren, Schlachtabfällen o. ä.) beschickt werden.

Durch jagdliche Maßnahmen

Wesentlich unterstützen kann man die geplante Ablenkung dadurch, daß man in den Hauptwildschadenmonaten die Sauen im Walde völlig schont, auf dem Felde und an der Wald-Feld-Grenze dagegen scharf bejagt. Das Schwarzwild lernt sehr schnell, wo ihm Gefahr droht und wo es sich sicher fühlen darf.

Durch sinnvolle Revierbewirtschaftung

Alle vorgenannten Maßnahmen zur Wildschadenverminderung müssen auf möglichst großer Fläche sinnvoll koordiniert werden, wenn sie zu wesentlichen Erfolgen führen sollen. Da die meisten unserer Reviere hierfür zu klein sind, empfiehlt sich die Bildung von Schwarzwildringen. Darauf wird später noch näher eingegangen.

IV. Schwarzwildhege

Nicht Quantität, sondern Qualität

Angesichts der unter Umständen erheblichen landwirtschaftlichen Schäden kann es — außer in Gatterrevieren — nicht das Ziel sein, einen zahlenmäßig hohen Schwarzwildbestand heranzuhegen. Die Wilddichte muß in Grenzen gehalten werden, die eine Entstehung übermäßiger landwirtschaftlicher Wildschäden weitgehend ausschließen. Wie hoch diese Wilddichte sein darf, läßt sich nicht generell angeben, da die wirtschaftlich tragbare Dichte des Schwarzwildes von einer Reihe örtlich und auch zeitlich wechselnder Faktoren abhängig ist. Die zu haltende Wilddichte muß sich also jeweils aus den örtlichen Erfahrungen ergeben.

Die Hege des Schwarzwildes darf sich demnach in freier Wildbahn nicht auf die Quantität, sondern muß sich allein auf die Qualität des Bestandes ausrichten, d. h. auf die Erhaltung eines in seinen einzelnen Stücken gesunden und starken Bestandes mit einem höchstmöglichen Anteil alter, starker Keiler und Bachen. Der Weg zu diesem Ziel führt in erster Linie über eine zweckmäßige Wildstandsbewirtschaftung und Jagdausübung, wie sie in den beiden nächsten Kapiteln umrissen werden. Sehr weitgehend muß die Hege des Schwarzwildes also eine Hege mit der Büchse im weitesten Sinne sein. Daneben sind jedoch auch noch einige andere Hegemaßnahmen von Bedeutung.

Fütterung

An erster Stelle sei die Fütterung der Sauen erwähnt. Während der Notzeit sollte sie für jeden Revierinhaber eine Selbstverständlichkeit sein. Darüber hinaus kann sie — wie bereits erwähnt — in den Hauptwildschadenmonaten sehr empfehlenswert sein, da die aufgewendeten Fütterungskosten oft nur einen Bruchteil des auf diese Weise eingesparten Wildschadenersatzes betragen. Generell kann empfohlen werden, das ganze Jahr über — außer in Mastjahren — im Walde zu füttern: während der Notzeit und in den Monaten hoher Feldschäden stark, in der übrigen Zeit so schwach, daß die Sauen an die Futterplätze gewöhnt bleiben, sie regelmäßig kontrollieren und dadurch weniger Zeit haben, aufs Feld zu wechseln.

Bei der Winterfütterung können gegeben werden: Eicheln, Bucheckern, Mais, Weizen, Hafer, Gerste, Hülsenfrüchte, Kartoffeln, Rüben und Topinamburknollen (wo diese den Sauen bereits bekannt sind), ferner Klee- und Luzerneheu sowie — nach Gewöhnung des Schwarzwildes — Silage. Zur Ablenkungsfütterung in den Wildschadenmonaten sollten nur kleine Mengen ausgewählter Leckerbissen — insbesondere Mais — gegeben werden. Die Futtermengen bemißt man am besten nach den jeweiligen örtlichen Erfahrungen. Wichtig ist die sehr breitwürfige Fütterung, möglichst über mehrere Hektar, um die Sauen sich ihre Nahrung erarbeiten zu lassen, ihr Bewegungsbedürfnis damit zu befriedigen und sie möglichst lange im Walde zu beschäftigen.

Ruhige Einstände

Für das Gedeihen des Schwarzwildbestandes und seine feste Bindung an das Revier sind auch ruhige Einstände von Bedeutung. Insbesondere von Mai bis August sollte man soweit wie irgend möglich für völlige Ungestörtheit in den Dickungen sorgen, um die Sauen nicht zu zwingen, ihren Einstand im Getreide zu nehmen und dadurch große Lagerschäden zu verursachen. Sowohl aus Gründen der Wildhege als auch aus Gründen der Wildschadenverminderung ist also Ruhe in den Einständen wichtig.

Sonstige Hege-maßnahmen

Wo nicht genügend Dickungen vorhanden sind, werden von den Sauen oftmals künstlich angelegte sogenannte Sauhütten gern angenommen. Fehlen Suhlen im Revier, kann man solche ebenfalls leicht schaffen. Desgleichen sollte für offene Wasserstellen gesorgt werden, da die Sauen — vor allem bei sommerlicher Hitze — gern schöpfen. Da auch Salzlecken sehr gern aufgesucht werden, sollten sie in keinem Schwarzwildrevier fehlen.

V. Grundlagen der Jagdausübung

Abschuß-planung

Im Gegensatz zu allen anderen Schalenwildarten besteht für Schwarzwild keine gesetzliche Abschußplanpflicht. In gutgehegten und -bewirtschafteten Schwarzwildgebieten wird trotzdem eine interne Abschußplanung erstellt. Ist der Frühjahrsbestand den örtlichen Gegebenheiten angemessen, muß der Abschuß in Höhe des Zuwachses erfolgen. Ein individueller Wahlabschuß, wie bei den anderen Schalenwildarten, ist dabei nicht nötig. Das Hegeziel ist das Heranreifenlassen einer möglichst großen Zahl von Hauptschweinen, d. h. von Keilern mit einem Alter von mindestens sieben Jahren. Um dieses Ziel zu erreichen, ist es notwendig, sehr scharf in die beiden jüngsten Altersklassen (Frischlinge und Überläufer) einzugreifen, die mittleren Jahrgänge dagegen vollständig zu schonen. Als Richtlinien können folgende drei Punkte genannt werden:

1. Abschuß von 50 bis 80 Prozent aller Frischlinge (je nach Zuwachs des betreffenden Jahres) und von 80 Prozent aller Überläufer.

2. Vollständige Schonung aller groben Sauen mit Ausnahme des ...

3. Abschusses von wirklichen Hauptschweinen, der nach dem vorhandenen Bestand zahlenmäßig festzusetzen ist.

Werden diese drei Regeln konsequent befolgt, ergibt sich ein Bestandesaufbau, wie er in Abb. 3 dar-

Abbildung 3

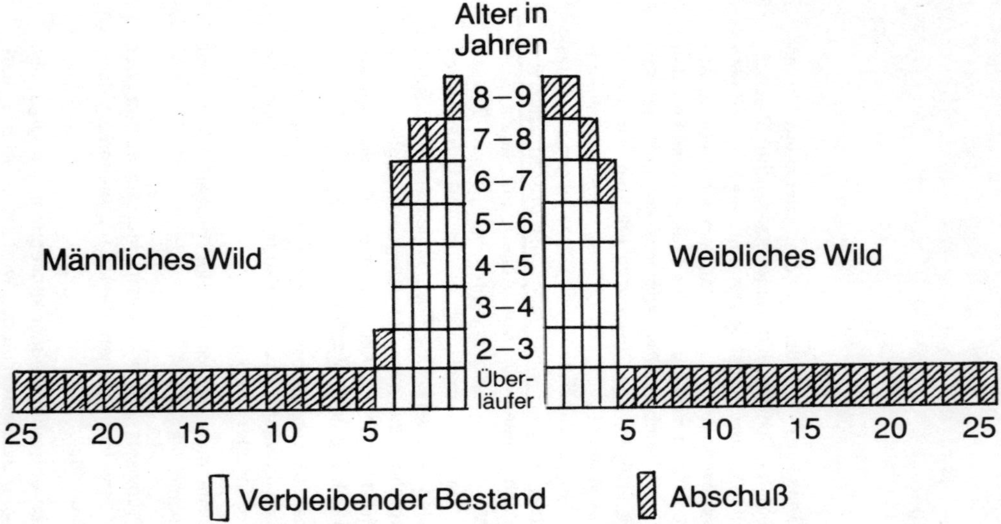

Gliederung eines Schwarzwildbestandes bei sehr starker Bejagung der Jugendklassen und vollständiger Schonung der mittleren Altersklassen

gestellt ist. Jedes Kästchen bedeutet ein Stück Schwarzwild und zugleich ein Prozent des Gesamtbestandes. Es handelt sich um einen Frühjahrsbestand ohne die diesjährigen Frischlinge. Unter den vorjährigen Frischlingen wurde ein so starker Abschuß durchgeführt, daß am 1. April genauso viele Überläufer wie grobe Sauen vorhanden sind: 25 Überläuferkeiler, 25 grobe Keiler, 25 Überläuferbachen, 25 grobe Bachen. Auch von den Frischlingen dieses und aller folgenden Jahre sind jeweils so viele zu erlegen, daß am 1. April des folgenden Jahres höchstens so viele in die Überläuferklasse aufrücken, wie grobe Sauen (einschließlich der soeben zu groben Sauen gewordenen Überläufer) vorhanden sind.

Wie aus Abbildung 3 ersichtlich ist, können — bei konsequenter Durchführung der genannten Abschußregeln — auf einen Frühjahrsbestand von 100 Sauen etwa vier Hauptschweine erlegt werden. Das gilt allerdings nur für einen ideal gegliederten Bestand, wie er in Abb. 3 dargestellt ist. Für die Zeit der Umgliederung eines schlecht gegliederten in einen gut gegliederten Bestand sollten etwa 3 bis 5 Jahre lang ausschließlich Frischlinge und Überläufer erlegt werden.

Wildzählung

Zur Planung des Abschusses ist ein Überblick über die zahlenmäßige Stärke des Schwarzwildbestandes und seine ungefähre Altersklassenzusammensetzung (Anteil der Frischlinge, der Überläufer und der groben Sauen) notwendig. Er läßt sich am besten im Winter bei Spurschnee durch Kreisen gewinnen. Dabei ist zu beachten, daß die Sauen beim ersten Schnee des Winters manchmal eine oder gar mehrere Nächte lang die Dickung nicht verlassen.

Zuwachsermittlung und Abschußgliederung

Der Zuwachs des Schwarzwildes schwankt von Jahr zu Jahr weit stärker als derjenige aller anderen Schalenwildarten. Er wird vor allem beeinflußt durch die Eichenmast und den Winterverlauf, daneben auch von einigen anderen Faktoren. Nach unserem gegenwärtigen Kenntnisstand wird ein durchschnittlicher Zuwachs veranschlagt

unter ungünstigen Verhältnissen:
60–100 % des Frühjahrsbestandes

unter mittleren Verhältnissen:
etwa 130 % des Frühjahrsbestandes

unter günstigsten Verhältnissen:
150–200 % des Frühjahrsbestandes

wobei der Frühjahrsbestand per 1. April ohne die bereits vor diesem Datum gesetzten Frischlinge gerechnet wird. Für die jagdliche Praxis genügt die Feststellung, ob ein Jahr mit geringem, durchschnittlichem oder starkem Zuwachs vorliegt. Danach und nach der Höhe des Gesamtbestandes kann man die notwendige Intensität der Bejagung grob festlegen. Je mehr der zahlenmäßig notwendige Gesamtabschuß in Form von Frischlingen erfüllt wird, um so besser ist es. Überläufer sollten – unter Bevorzugung geringer weiblicher Stücke – möglichst nur aus reinen Überläuferrotten erlegt werden! Nur bei einem sehr hohen Frischlingsabschuß kann eine ideale Gliederung der Schwarzwildbestände erreicht, erhalten und damit die genannte optimale Zahl von Hauptschweinen erzielt werden!

Ansprechen

Wichtige Grundlage jeder planmäßigen Wildstandsbewirtschaftung und Jagdausübung muß, auch hinsichtlich des Schwarzwildes, ein korrektes Ansprechen der einzelnen Stücke sein. Im Gegensatz zu allen anderen Schalenwildarten genügt dabei jedoch eine Unterscheidung der hauptsächlichen Altersklassen und – außer bei den Frischlingen – der beiden Geschlechter.

Keiler oder Bache?

Das wichtigste Unterscheidungsmerkmal des Keilers von der Bache ist der Pinsel (s. Abb. 1). Je älter der Keiler, desto deutlicher ist im allgemeinen der Pinsel ausgebildet. Ungeübte Schwarzwildbeobachter müssen darauf achten, nicht etwa bei seitlicher Ansicht das Gesäuge einer führenden Bache für den Pinsel zu halten! Bei genügender Übung läßt sich beim Keiler oft auch das Kurzwildbret beziehungsweise die durch das Kurzwildbret hervorgerufene Wölbung unterhalb des Weidlochs erkennen. Die Waffen sind dagegen oftmals, selbst bei einem starken Keiler, nicht oder nur andeutungsweise zu sehen – vielfach nicht besser als die Haken einer starken Bache! Die Unterscheidung beider Geschlechter nach der Kopfform ist sehr schwierig, so daß sich hier selbst erfahrene Schwarzwildkenner irren können. Vom mittleren Lebensalter an kann man beim Keiler oftmals die Knochenwülste erkennen, aus denen die Haderer herauswachsen bzw. die durch sie hervorgerufene Aufwölbung der Oberlippe.

Wie alt?

Frischlinge lassen sich meist ohne Schwierigkeiten an ihrer geringen Größe erkennen, in ihren ersten Lebensmonaten außerdem an ihrem gelb-braungestreiften Jugendkleid, später an dem rötlich-braunen Farbton ihrer Schwarte. Diesen rötlich-braunen Farbton haben zunächst auch noch die Überläufer. Bei schlechtem Licht kann es Schwierigkeiten bereiten, ein einzelnes Stück als Überläufer anzusprechen, zumal diese im Sommer bereits recht stark sein können. Einzelne Überläufer sollte man möglichst überhaupt nicht schießen: Überläuferkeiler nicht, weil sie älter werden sollen, Überläuferbachen nicht, weil sie unter Umständen schon tragen oder gar führen können. Auf reine Überläuferrotten dagegen kann man bedenkenlos schießen und sollte dabei möglichst Überläuferbachen auswählen. Falls ein Ansprechen auf das Geschlecht nicht möglich ist, soll man aus solchen Überläuferrotten immer das schwächste Stück erlegen. Die mittleren Altersklassen sollten in beiden Geschlechtern vollständig vom Abschuß verschont werden. Bei den Bachen sollten nur einwandfrei nichtführende, ältere Stücke, bei den Keilern erst ausgereifte Hauptschweine als Ernteabschuß erlegt werden. Da außer Frischlingen und Überläufern möglichst nur reife Hauptschweine erlegt werden sollen, ist es wichtig, deren typische Merkmale zu kennen. Bei Keilern etwa vom fünften Lebensjahr an werden die bei den Hauptschweinen voll ausgeprägten Merkmale im Körperbau sichtbar. Der Habitus wirkt immer gedrungener, massiger, dadurch kürzer und kurzläufiger, mit schwerem, klobigem Kopf. Das Gewicht scheint sich immer mehr auf die Vorderläufe zu verlagern. Der alte Keiler bekommt — im Gegensatz zu der mehr langgestreckt wirkenden Bache mit geradem Rücken — einen „Karpfenrücken“: die Seitenlinie steigt vom Wurf über die Stirn bis zum Widerrist ziemlich steil an, um danach schwach wieder abzufallen. Der gegenüber jüngeren Stücken längere Pürzel bekommt jetzt am Ende eine deutliche Quaste. Auch überflügeln die Keiler jetzt die Bachen deutlich an Größe und Gewicht. Das ausgereifte Hauptschwein zeigt die beschriebenen Merkmale in Vollendung und ist kaum mit einem anderen Stück zu verwechseln. Die Fotos am Ende dieses Buches mögen als weitere Anleitung zum Ansprechen dienen.

Trittsiegel

Das einzelne Trittsiegel des Schwarzwildes weist eine Eigentümlichkeit auf, die es von demjenigen aller anderen Schalenwildarten unterscheidet. Das Geäfter (Afterklauen) wird nicht nur während der Flucht, sondern auch beim ruhigen Ziehen stets abge-

Abbildung 4

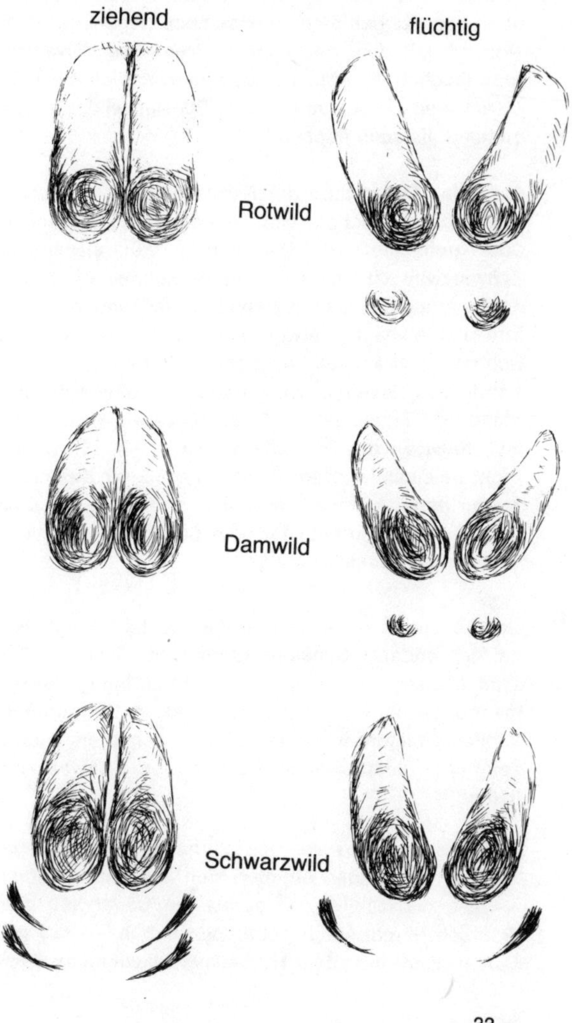

drückt, und zwar nicht punktförmig genau hinter den Schalen, sondern strichförmig (kommaförmig) etwas seitlich hinter den Schalen. Auch in den Schalenabdrücken zeigen sich Unterschiede gegenüber dem Rotwild, mit dem noch am ehesten eine Verwechslung möglich ist. Abb. 4 zeigt zum Vergleich die Trittsiegel von Rot-, Dam- und Schwarzwild, sowohl ziehend als auch flüchtig.

Fährtenbild

Auch das Gesamtbild der Fährte zeigt dem erfahrenen Jäger oft schon, welche Wildart dort gezogen oder geflüchtet ist. Die Fährte von ziehendem Schwarzwild läßt sich im hohen Schnee oft schon daran erkennen, daß die relativ kurzläufigen Sauen ihre Läufe häufig etwas schleppen, wodurch im Schnee Schrammen entstehen. Während in der Fährte von ziehenden oder trollenden Sauen der Abstand von Trittsiegel zu Trittsiegel etwa gleich groß ist, stehen in der Fluchtfährte immer vier Trittsiegel dicht beieinander, dann folgt ein größerer Zwischenraum, dann kommen wieder vier Trittsiegel usw. Abb. 5 zeigt Fährtenbilder vom Schwarzwild ziehend (oder trollend) und flüchtig.

Losung

Die Losung des Schwarzwildes besteht nicht, wie bei den anderen Schalenwildarten, aus einer großen Zahl kleiner — gelegentlich klumpenförmig zusammenhängender — Zäpfchen, sondern aus großen, knollenförmigen, wurstähnlichen Abschnitten. Abb. 6 zeigt drei verschiedene Formen von Schwarzwildlosung.

Sonstige Hinweise

Sonstige Hinweise auf das Vorhandensein und die Tätigkeit der Sauen ergeben sich aus dem Gebräch — also den Stellen, an denen die Sauen mit dem Gebrech (ihrem Maul) gebrochen haben —, aus den Suhlen und aus den Malbäumen beziehungsweise

Abbildung 5

den an ihnen vorhandenen Resten von Schlamm, Spuren der Keilerwaffen und hängengebliebenen Sauborsten, die sich an ihrer gespaltenen Spitze leicht von den Haaren anderer Wildarten unterscheiden lassen.

Abbildung 6

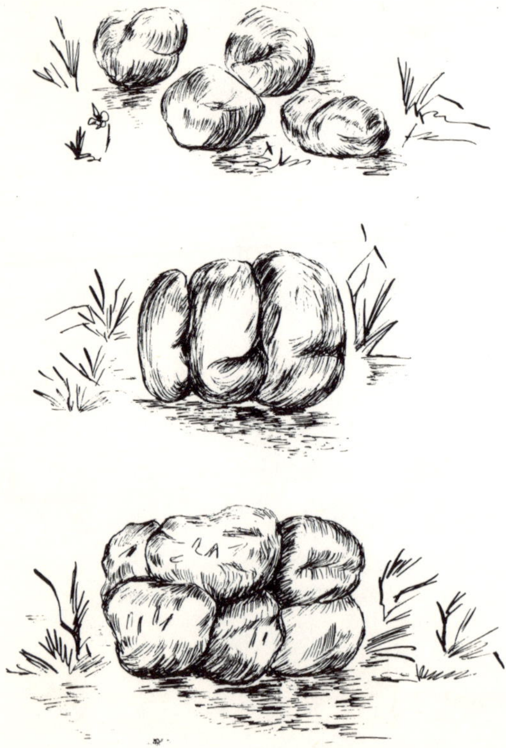

Drei verschiedene Formen von Schwarzwildlosung

VI. Schwarzwildringe

Notwendigkeit großflächiger Schwarzwildbewirtschaftung

Wegen der sehr großen Territorien älterer Keiler, der relativ geringen wirtschaftlich tragbaren Wilddichte und der Notwendigkeit einer einheitlichen Behandlung eines größeren Bestandes läßt sich eine sinnvolle Schwarzwildhege im hier umrissenen Sinne, d. h. eine planmäßige Wildstandsbewirtschaftung mit dem Ziel der Heranziehung möglichst vieler alter, starker Keiler, sowie eine erfolgversprechende Wildschadenverminderung unter voller Erhaltung des Schwarzwildes nur auf einer Fläche von vielen Tausend Hektar durchführen. Von wenigen Ausnahmen abgesehen, sind dafür unsere Reviere der freien Wildbahn viel zu klein. Mehr und mehr wird deshalb die Bildung von Schwarzwildringen angestrebt, in denen sich mehrere oder viele Reviere mit einer insgesamt genügend großen Fläche zwecks einheitlicher Hege und Bewirtschaftung des Schwarzwildes zusammenschließen.

Aufgaben der Schwarzwildringe

Die Aufgaben und Zielsetzungen solcher Schwarzwildringe lassen sich kurz in folgenden Punkten zusammenfassen:

1. Einheitliche Wildbestandsaufnahme, Abschußplanung und Bejagung des Schwarzwildes bei gerechter Verteilung des Ernteabschusses an Hauptschweinen;

2. überrevierliche Regelung der Anlage von Wildäckern und Fütterungen mit dem Ziel, die Sauen möglichst im Walde zu fesseln und dadurch die landwirtschaftlichen Wildschäden weitestgehend zu vermindern;

3. gemeinsame Regelung und Übernahme des Wildschadenersatzes;

4. sonstige Vereinbarungen, z. B. über Wildfolge, Durchführung von Nachsuchen, Schweißhundhaltung usw.

Erfahrungen und Richtlinien

Eine erstmalige ausführliche Darstellung aller diesbezüglichen Probleme habe ich 1963 in meinem im gleichen Verlag erschienenen Buch „Schwarzwildhege — Schwarzwildjagd" gegeben. Seither sind in diversen Schwarzwildringen diese Gedanken in die Praxis umgesetzt, beziehungsweise es sind von den verschiedensten Autoren einschlägige Erfahrungen und Richtlinien veröffentlicht worden. Am bekanntesten ist das „Lüneburger Modell", das 1968/70 von dem Kreisjägermeister des Jagdkreises Lüneburg, Norbert Teuwsen, entworfen wurde und 1980 nach Einarbeitung der bisherigen Erfahrungen in Neufassung veröffentlicht worden ist. Im regionalen Bereich und aufgrund der im Lüneburger Modell niedergelegten Richtlinien haben diverse spezielle Schwarzwildringe oder allgemeinen Hochwildringe die praktische Arbeit aufgenommen, wobei erste Erfolge bereits deutlich sichtbar sind. Eine weitere Verbreitung derartiger Hegegemeinschaften mit entsprechenden, eindeutig schriftlich fixierten Zielsetzungen ist wünschenswert. Stets soll es dabei um eine qualitative Verbesserung der Schwarzwildbestände und gleichzeitige Verminderung der Schwarzwildschäden gehen, nicht um Bestandesvergrößerungen!

VII. Jagdpraxis

Ansitz

Die in vieler Hinsicht zweckmäßigste Jagdart auf Schwarzwild ist der Ansitz: Er verursacht unter dem Wildbestand (nicht nur beim Schwarzwild!) die geringsten Störungen, er ermöglicht die gründlichste Beobachtung des Wildes und die sorgfältigste Auswahl des zu erlegenden Stückes, er erlaubt die ruhigste und sicherste Schußabgabe. Wo aus Gründen der Wildschadenverminderung in Feldrevieren die Jagd bei Vollmond notwendig ist, kann oft der mehrstündige Ansitz zum Erfolg führen. Gerade die Mondscheinjagd stellt aber besonders hohe Anforderungen an das Können und das Verantwortungsbewußtsein des Jägers.

Pirsch

Auch die Pirschjagd kann — mit Überlegung und gekonnt betrieben — durchaus Erfolge bringen. Wie beim Ansitz muß auch bei der Pirsch vor allem auf den Wind geachtet werden. Am günstigsten ist ein „Pirschen-Stehen“, d. h. ein Pirschen mit längeren Aufenthalten an guten Aussichtspunkten, Wechseln, Suhlen usw. Die Pirschjagd sollte jedoch nur mit Maßen betrieben werden — man kann ein Revier nämlich auch leerpirschen! Sieht man beim Ansitz Sauen außerhalb der Schußentfernung, gelingt es oftmals, sie gezielt anzupirschen. Doch muß das — bei aller Vorsicht — schnell geschehen, da sich die Sauen fast niemals lange an einem Platz aufhalten. Bei geschlossener Schneedecke kann für die Pirsch ein Schneehemd angebracht sein.

Festmachen

Im Winter kann man bei einer Neuen, d. h. bei Vorhandensein von Neuschnee, durch Kreisen die Sauen oftmals in einer Dickung oder gar einem Dickungsteil festmachen und damit die Grundlage für eine am selben Tag abzuhaltende Drückjagd schaffen.

Drückjagd

Ist die Dickung, in der das Einzelstück oder die Rotte festgemacht werden konnte, nur klein, und kennt man die Wechsel, so genügen oftmals ein oder zwei Schützen und ein einzelner Treiber, der durch sehr vorsichtige Beunruhigung die Sauen veranlaßt, diese Dickung — meist in langsamem oder nur mäßig schnellem Tempo — auf einem Wechsel zu verlassen, um eine ruhigere Dickung aufzusuchen. Diese Jagdart erfordert eine sehr genaue Revierkenntnis und ein großes Können der Jäger und vor allem des Treibers, kann dann aber besonders erfolgreich sein.

Meistens werden Drückjagden mit mehr Schützen und Treibern abgehalten, entweder als spezielle Saujagden oder als allgemeine Hochwildjagden, die auch dem Rot- und/oder Damwild gelten. Sowohl die richtige Anlage und Leitung solcher Jagden als auch das richtige Anstellen der Schützen erfordert sehr viel Erfahrung. Meist ist es zweckmäßig, die Schützen nicht unmittelbar an der zu treibenden Dickung, sondern in einiger Entfernung anzustellen. Anders als bei Niederwildjagden sollen die Treiber leise und langsam treiben. Häufig muß wieder zurückgetrieben werden, ehe die Sauen die Dickung verlassen. Der Einsatz erfahrener Hunde ist zweckmäßig. Wenige große Treiben sind meist günstiger als viele kleine.

Ansitz-Drückjagd

In den letzten Jahren ist eine neue Form der Gesellschaftsjagd — nicht nur auf Sauen, sondern auf alles Hochwild — mehr und mehr in Mode gekommen. Statt Abhaltung der herkömmlichen Drückjagd werden die Gäste über das gesamte Revier auf Hochsitze und andere vorbereitete Ansitzplätze verteilt und verbleiben dort den ganzen Tag. Ein einzelner Jäger — meist der örtlich zuständige Forstbeamte — pirscht inzwischen das Revier ab und geht durch die Einstände, um das Wild rege zu machen. Letzteres wechselt die Schützen relativ vertraut an. Bei starkem Frost oder scharfem Wind kann diese Jagdart eine große Strapaze für die Jagdgäste sein. Ansonsten ist sie jedoch sehr zweckmäßig, da sie weitgehend die Vorteile der reinen Ansitzjagd bietet, dazu noch bei Tage, also bei besten Lichtverhältnissen. So sind die Erfolge auch meist besser als bei herkömmlichen Drückjagden, besonders weil nicht so leicht ein falsches Stück erlegt und auch weniger Wild vorbei- oder krankgeschossen wird. Wo die Revierverhältnisse sie zulassen, ist diese Jagdart also sehr zu empfehlen.

Gewehre und Munition

Auf sehr starke Sauen sowie für die Verwendung bei Drückjagden werden von vielen erfahrenen Schwarzwildjägern großkalibrige, schwere Hochwildgeschosse bevorzugt, insbesondere 9,3 × 62 beziehungsweise 9,3 × 74 R oder gar 9,3 × 64. Bei ruhiger, sauberer Schußabgabe auf Ansitz und Pirsch reichen jedoch alle Hochwildlaborierungen der Kaliber 7 und 8 mm, ja sogar des Kalibers 6,5 mm vollkommen aus. Innerhalb der Schrotschußentfernung wird auch die gute Wirkung der Flintenlaufgeschosse gelobt.

Wer sehr viel Gelegenheit hat, an großen Saujagden teilzunehmen, mag sich eine Doppelbüchse oder gar einen Doppelbüchsdrilling zulegen. Sonst reichen die bei uns meistgeführten Repetierbüchsen, Drillinge und Büchsflinten vollkommen aus. Selbstladebüchsen — die modernen Nachfolgerinnen der Doppel- und Repetierbüchsen — werden heute noch auf vielen Jagden nur ungern gesehen und haben — neben ihren Vorzügen — auch gewisse Nachteile.

Blanke Waffen

Nur der Vollständigkeit halber sei hier die Saufeder als spezielle kalte Waffe für die Saujagd mit der Meute erwähnt. Diese Jagdart hat heute aber keine nennenswerte Bedeutung mehr. Gelegentlich findet der Hirschfänger noch Verwendung für das Abfangen kranker Sauen.

Hunde

Um bei Drückjagden die Sauen aus großen Dikkungskomplexen herauszutreiben, ist der Einsatz erfahrener „Sauhunde“ empfehlenswert oder sogar notwendig. Am besten eignen sich Teckel, doch werden auch Terrier und Spaniels mit Erfolg eingesetzt. Die großen und schweren Jagdgebrauchshunde sollten möglichst nicht für diesen Zweck verwendet werden, da sie im dichten Zeug oftmals nicht schnell genug ausweichen können und dadurch zu sehr gefährdet sind.

VIII. Pirschzeichen und Nachsuche

Zeichnen

Im Gegensatz zu den anderen Schalenwildarten zeichnet Schwarzwild fast nie oder doch so unspezifisch, daß danach der Sitz der Kugel nicht angegeben werden kann. Manchmal sieht man ein Zusammenzucken des beschossenen Stückes, kann aber nicht mit Sicherheit sagen, ob es sich dabei um ein Quittieren der Kugel handelt oder lediglich um eine Schreckreaktion auf den Knall oder auf das in der Nähe eingeschlagene Geschoß. Teilweise wird angegeben, daß ein Pflügen des Bodens mit dem Gebrech beim Abspringen nach dem Schuß ein deutliches Zeichen für einen tödlichen Treffer sei. Ich selbst habe dieses Verhalten aber auch schon bei tiefem Vorderlaufschuß erlebt, mit dem das Stück nicht zur Strecke kam. Ein mehrfaches Hochschleudern oder Hin- und Herschleudern des Kopfes während der Flucht deutet meist auf einen Gebrechschuß hin. Beim Zusammenbrechen des Stückes im Feuer muß immer mit einem Krellschuß gerechnet werden. Das Stück kommt danach sofort oder nach einiger Zeit — bis zu einer Viertelstunde — wieder auf die Läufe, gewinnt nach einigen wenigen taumelnden Fluchten sein Gleichgewicht wieder, geht voll flüchtig ab und kommt im allgemeinen nicht zur Strecke. Beim Zusammenbrechen im Feuer sollte man deshalb mit schußbereiter Büchse sofort an das Stück heranspringen oder — falls dies nicht möglich ist — mit schußbereiter Büchse wieder auf das Stück anschlagen, um bei dessen Hochwerden sofort erneut schießen zu können.

Kugelschlag

Bei Schüssen auf größere Entfernung mit nicht allzu schnellen Geschossen hören hierin geübte Jäger manchmal den Kugelschlag und können daraus gewisse Rückschlüsse auf den Sitz der Kugel ziehen. Doch ist auch dies eine keineswegs sehr sichere Methode.

Beobachtung des Fluchtweges

Nach dem Schuß sollte man den Fluchtweg des beschossenen Stückes so weit wie möglich mit Augen oder Ohren verfolgen. Nicht selten sieht oder hört man das Stück zusammenbrechen und im Verenden mit den Läufen schlagen (schlegeln). Das Anfliehen von Bäumen oder das Flüchten im Kreis oder im Halbkreis ist fast immer ein sicheres Zeichen, daß man das Stück dort verendet finden wird. In sehr seltenen Fällen hört man Sauen nach dem Schuß klagen. Dann sind es fast immer jüngere Stücke mit einem schweren Knochenschuß, meist einem Wirbelsäulenschuß. Bei Laufschüssen sieht man oft einen Lauf schlenkern. Wenn man seines Schusses nicht ganz sicher ist, sollte man — wenn irgend möglich — auf das krankgeschossene Stück nochmals schießen.

Feststellung des Anschusses

Falls man das Stück nicht zusammenbrechen sieht, es ist wichtig, sich stets genau den Anschuß zu merken, d. h. die Stelle, an der sich das beschossene Stück bei der Schußabgabe befand. Denn nur der Anschuß kann wirklich sichere Auskünfte über den Sitz der Kugel geben. Außer bei Gesellschaftsjagden — bei denen das im allgemeinen erst nach Beendigung des Treibens zulässig ist —, sollte man nach einer Pause von etwa 10 bis 15 Minuten den Anschuß aufsuchen, bei einer Schußabgabe am Abend sofort, bei einer Schußabgabe während der

Nacht erst bei vollem Tageslicht. Steht eine zweite Person zur Verfügung, ist es zweckmäßig, daß der Schütze an seinem Platz bleibt und von dort aus seinen Helfer einwinkt. Nach erster Untersuchung des Anschusses sollte man diesen immer verbrechen, um ihn notfalls sicher wiederfinden zu können.

Eingriffe

Die sogenannten Eingriffe, also die besonders tiefen Schalenabdrücke, die beim plötzlichen Flüchtigwerden entstehen und aus denen oft Erdklumpen, kleine Grassoden usw. herausgerissen und fortgeschleudert werden, geben zwar keinerlei Hinweis auf den Sitz der Kugel oder überhaupt auf einen Treffer, sie können aber das Finden des Anschusses sehr erleichtern. Bei der Suche nach dem Anschuß sollte man deshalb besonders auf diese Eingriffe achten. Befand sich das beschossene Stück in der Rotte, ist jedoch zu bedenken, daß auch die anderen Stücke beim Flüchtigwerden solche Eingriffe verursacht haben.

Schnittborsten

Ist ein Stück Schwarzwild von einem Büchsengeschoß getroffen worden, sind — außer im Frühjahr nach dem Haarausfall — am Anschuß in jedem Fall Schnittborsten vorhanden. Es ist jedoch manchmal schwer, sie zu finden. Aus der Länge und der Färbung dieser Schnittborsten lassen sich oft wichtige Rückschlüsse auf den Sitz der Kugel ziehen. Um die hierfür nötigen Kenntnisse zu sammeln, sollte man sich zu allen Jahreszeiten an jedem erlegten Stück genau das Borstenkleid ansehen, um — unter Berücksichtigung der Haarentwicklung des beschossenen Stückes — beurteilen zu können, von welcher Körperpartie die aufgefundenen Schnittborsten stammen.

Schweiß

Weiter ist am Anschuß nach Schweiß zu suchen, der allerdings im allgemeinen nur dann vorhanden ist, wenn das Stück einen Ausschuß hat, der gelegentlich aber selbst dann fehlen kann. Aus dem Aussehen des Schweißes läßt sich oft auf den Sitz der Kugel schließen. So stammt hellroter Schweiß aus Arterien, blasiger Schweiß aus der Lunge, dunkelroter Schweiß kann auf Wildbretschuß hindeuten. Der Schweiß ist auch daraufhin zu untersuchen, ob in ihm Spuren von Körperteilen enthalten sind, z. B. Fetzen von Wildbret, von der Lunge, von der Leber, Magen- oder Darminhalt usw.

Knochensplitter

Sind stärkere Knochen getroffen, findet man am Anschuß oftmals Knochensplitter. Bei genügender Kenntnis der Anatomie des Schwarzwildes läßt sich häufig sagen, von welchem Knochen diese Splitter stammen. Insbesondere Splitter von den Röhrenknochen der Läufe lassen sich meist deutlich erkennen. Insgesamt läßt sich aus Schnittborsten, Schweiß, Organteilen und Knochensplittern vielfach recht genau der Sitz der Kugel lokalisieren.

Geschoßspuren

Besteht die Vermutung eines Fehlschusses, sollte man stets nach Spuren des Geschosses suchen. Oft findet man den Geschoßeinschlag in einem Baum, im Boden oder im Schnee. Dann kann man manchmal entscheiden, ob das beschossene Stück überhaupt getroffen worden sein kann, gegebenenfalls nach Anvisieren des Geschoßeinschlags vom Standpunkt des Schützen aus und nach Vermessen der Geschoß-Flugbahnhöhe über dem Anschuß.

Nachsuche

Wenn nicht einwandfrei ein Fehlschuß erwiesen ist, sollte das beschossene Stück zunächst immer als getroffen betrachtet und demzufolge eine gründliche Nachsuche durchgeführt werden. Ist nach den Beobachtungen oder der Anschußuntersuchung mit größter Sicherheit damit zu rechnen, daß das Stück sehr schnell verendet ist, kann man frei in der Fluchtrichtung oder auf der Fährte nachgehen, bis man das Stück gefunden hat. In allen anderen Fällen sollte man nur bis zum Waldrand, höchstens bis zur nächsten Dickung nachsuchen, den Einwechsel verbrechen, einen Schweißhundführer mit einem auf Sauen erfahrenen Hund hinzuziehen und die Nachsuche erst nach Ablauf einiger Stunden, bei einem Schuß am Abend oder in der Nacht erst bei erneutem Tageslicht fortsetzen. Besteht die Wahrscheinlichkeit, daß das Stück noch lebt und wieder flüchtig wird, sollte man noch einige Schützen hinzuziehen, mit denen man die Dickung, in der sich das kranke Stück gesteckt hat, umstellt. Gerade diese Maßnahme ist wichtig, weil ein aus dem Wundbett hochgemachtes Stück Schwarzwild oft viele Kilometer weit wechselt, ehe es sich erneut ins Wundbett einschiebt.

Fangschuß

Außer bei der Riemenarbeit mit dem Schweißhund sollte man bei jeder Nachsuche auf Sauen — auch bei einer kurzen Totsuche — die Büchse schußbereit halten. Wird das noch lebende Stück sichtbar, muß man so schnell wie möglich den Fangschuß geben, und zwar nach Möglichkeit von der Seite hinter den Teller auf die Halswirbelsäule. Dabei ist zu beachten, daß die Wirbelsäule im Schwarzwildhals sehr tief liegt (s. Abb. 2)! Für den Fall, daß bei einer notwendigen Hetze die kranke Sau von dem Hund oder den Hunden gestellt wird, ist aus Gründen der Unfallverhütung vorher zu verabreden, welcher Jäger herangehen und den Fangschuß geben soll. Selbstverständlich muß der Fangschuß auch so abgegeben werden, daß die Hunde nicht gefährdet werden. Beim Führen einer kombinierten Waffe ist in der Dickung auf kurze Entfernung der Schuß mit dem Flintenlaufgeschoß angebracht, weil es sich beim Auftreffen auf Zweige nicht so leicht zerlegt.

Der Schweißhundführer kann bei der Riemenarbeit die Büchse nicht schußbereit haben. Er wird sie im allgemeinen gesichert oder gar entladen und unter Umständen — vor allem in einer tief verschneiten Dickung — auch mit einem Mündungsschoner versehen, umhängen. Da dann ohnehin keine schnelle Schußbereitschaft gegeben ist, nehmen manche erfahrene Schweißhundführer überhaupt kein Gewehr mit in die Dickung, sondern führen nur die blanke Waffe oder eine großkalibrige Faustfeuerwaffe. Wegen ihrer sofortigen Schußbereitschaft, ihrer absoluten funktionellen Zuverlässigkeit und ihrer starken Schußwirkung sind hierfür besonders die Revolver moderner Konstruktion im Kaliber .357 Magnum oder gar .41 oder .44 Magnum zu empfehlen.

Abfangen

Mit Rücksicht auf die Hunde sind unter Umständen Saufeder oder Hirschfänger zweckmäßiger — vorausgesetzt, daß man die nötige Fertigkeit im Umgang mit ihnen besitzt. Der Fang erfolgt entweder von der Seite hinter das Blatt oder schräg von vorn auf den Stich.

Totsignal

SAU TOT

IX. Versorgung und Verwertung des Wildes

Aufbrechen

Schwarzwild verhitzt von allen Schalenwildarten am schnellsten. Es muß deshalb so bald wie möglich aufgebrochen werden — vor allem bei warmem Wetter. Das Aufbrechen erfolgt im Prinzip wie bei den anderen Schalenwildarten, doch sind folgende Abweichungen zu beachten: der Hals wird nicht der Länge nach, sondern quer aufgeschärft, der Brustkorb wird in der Längsrichtung, entlang dem Brustbein, vollständig geöffnet und durch Einklemmen handlanger Holzstücke bis zum vollständigen Auskühlen offen gehalten, die Schwarte zwischen Vorderlauf (Schulterblatt) und Brustkorb wird aufgeschärft und Vorderlauf und Brustkorb ebenfalls durch Holzstückchen auseinander gehalten, schließlich kann man noch die Brandadern öffnen. Weiter ist zu beachten, daß Schwarzwild — im Gegensatz zum Rot-, Dam- und Rehwild — eine Gallenblase hat, die vorsichtig von der Leber entfernt werden muß. Nach beendetem Aufbrechen wird das Stück zum Ausschweißen vorn angehoben, zum Auskühlen mit dem Kopf nach oben oder nach unten aufgehängt. Im Sommer ist es gegen Fliegen zu schützen, notfalls durch lockeres Abdecken mit Zweigen.

Zerwirken und Zerlegen

Das Zerwirken oder Abschwarten erfolgt im Prinzip wie bei anderem Schalenwild, ebenso das Zerlegen.

Fleischbeschau

Nach den gesetzlichen Bestimmungen unterliegt Schwarzwild — als einzige Schalenwildart — der amtlichen Fleischbeschaupflicht.

Wildbret

Schwarzwildbraten und Schwarzwildleber werden von manchen Kennern dem Wildbret aller übrigen Schalenwildarten vorgezogen. Allerdings sollte Schwarzwild — wie alles Wild — frisch gegessen werden; Hautgout kann dem Kenner jeglichen Appetit verderben. Geräucherter Wildschweinschinken ist eine Delikatesse, desgleichen Wurst (auch Leberwurst), die zu etwa gleichen Teilen aus Haus- und Wildschwein besteht. Schließlich sei noch Schwarzwildschmalz als Delikatesse erwähnt.

Schwarte

Soll die Sauschwarte aufgehoben werden, gibt man sie am besten unverzüglich zur Gerberei. Ist das nur mit Verzögerung möglich, sollte man sie auf der Fleischseite kräftig einsalzen und — Fleischseite nach oben — ausgebreitet, oder besser aufgespannt, an der Luft trocknen lassen.

Herauslösen der Keilerwaffen

Die Gewehre des Keilers sitzen zu etwa $^2/_3$ ihrer Länge im Unterkiefer. Ihr hinteres offenes Ende reicht bis etwa unter den 3. Prämolar. Will man nicht Gefahr laufen, die Gewehre zu beschädigen, darf man den Unterkiefer also erst hinter dem 3. Prämolar absägen. Die Haderer reichen zwar nicht so weit nach hinten; der Einfachheit halber wird man aber den ganzen Schädel in einer senkrechten Ebene durchsägen. Ist man für die weitere Arbeit mit dem Sägeschnitt zu weit nach hinten gekommen, kann man immer noch nacharbeiten — so sind aber wenigstens die Waffen heil geblieben.

Die abgesägten vorderen Kieferteile werden nun von Schwarte und Weichteilen befreit und etwa $^1/_2$ Stunde lang gekocht. Dann kann man die Waffen von vorn nach hinten aus dem Kiefer herausdrücken, worauf sie noch von innen und außen sorgfältig zu reinigen sind.

X. Zahnkunde und Altersbestimmung am erlegten Stück

Zahnentwicklung

Bis zum Alter von etwa zwei Jahren läßt sich das Lebensalter des Schwarzwildes ziemlich genau an der Gebißentwicklung bestimmen. Der Frischling hat zunächst ein Milchgebiß, das in jedem Kieferast drei Schneidezähne, einen Eckzahn und drei Bakkenzähne aufweist. Im Laufe der ersten zwei Lebensjahre werden nach und nach, in bestimmter Reihenfolge, diese Milchzähne gegen die Dauerzähne ausgewechselt und die übrigen gleich als Dauerzähne geschoben.

Abb. 7 zeigt den vollbezahnten Unterkiefer eines erwachsenen Stückes Schwarzwild. Bei denjenigen Zähnen, die bereits im Milchgebiß vorhanden sind, ist in arabischen Ziffern angegeben, in welchen Lebensmonaten etwa die Milchzähne gegen die Dauerzähne ausgewechselt werden. Als besonderes Unterscheidungsmerkmal ist zu beachten, daß der letzte Prämolar als Milchzahn dreiteilig, als Dauerzahn zweiteilig ist. Die Eckzähne sind im Milchgebiß stiftförmig, im Dauergebiß weisen sie einen dreieckigen Querschnitt auf. Weiter ist in Abb. 7 bei denjenigen Zähnen, die gleich als Dauerzähne geschoben werden, in römischen Ziffern angegeben, in welchen Lebensmonaten sie durchbrechen. Aus dieser Darstellung, die im wesentlichen nach dem Schwarzwildalter-Merkblatt von BRIEDERMANN erfolgte, läßt sich ersehen, daß etwa mit Vollendung des zweiten Lebensjahres das Dauergebiß nach

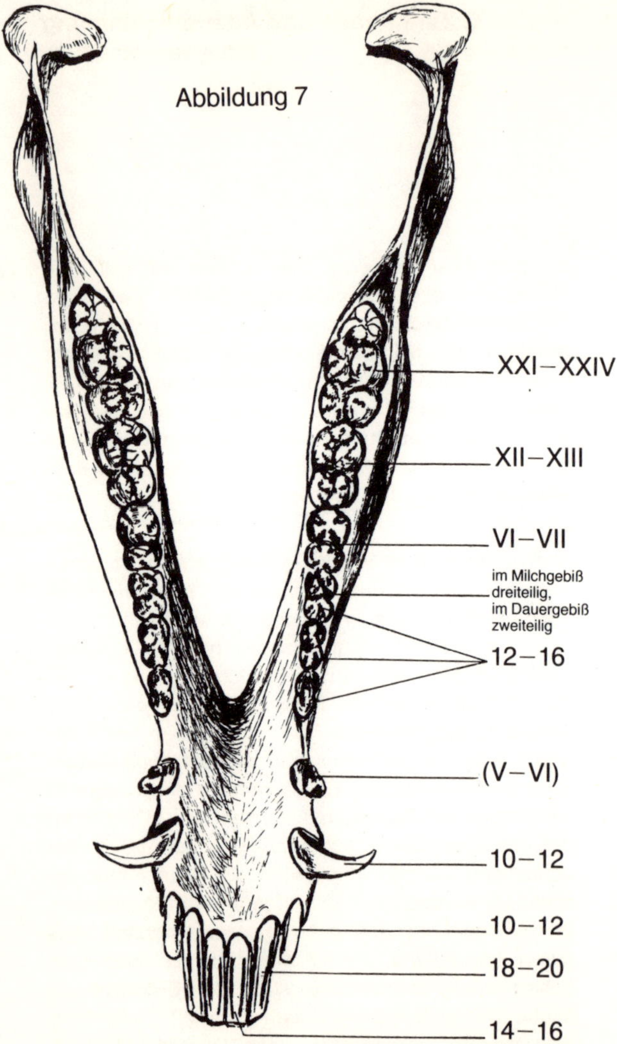

Vollständig bezahnter Unterkiefer eines erwachsenen Stückes Schwarzwild

Wechsel aller Milchzähne mit dem Erscheinen des letzten Backenzahnes fertig wird.

Eine grobe Sau (von Vollendung des zweiten Lebensjahres an) hat normalerweise 44 Zähne. Allerdings fehlen gelegentlich die kleinen, im Unterkiefer vorgerückten Backenzähne, die zwischen den Eckzähnen und der geschlossenen Backenzahnreihe sitzen. Der Oberkiefer weist dieselbe Anzahl von Zähnen auf, doch sehen einige Zähne — insbesondere die Schneide- und Eckzähne — anders aus und sind auch etwas anders angeordnet.

Für die jagdliche Praxis genügt die Unterscheidung nach Frischlingen, Überläufern und groben Sauen. Diese Unterscheidung läßt sich sehr leicht nach der Anzahl der eigentlichen Kaubackenzähne (also derjenigen Backenzähne, die im Unterkiefer in geschlossener Zahnreihe sitzen) durchführen: beim Frischling 3 bis 4 in jedem Unterkieferast, beim Überläufer 5 und bei einer groben Sau 6. Den Überläufer kann man bis zum Alter von etwa 20 Monaten auch noch am nicht vollendeten Zahnwechsel erkennen. Im einzelnen ist der Erlegungszeitpunkt zu beachten, da ja das Aufrücken in die jeweils höhere Altersklasse am 1. April erfolgt.

Abnutzung der Kauflächen

Die Abnutzung der Kauflächen geht beim Schwarzwild langsamer vor sich als bei anderen Schalenwildarten, und es gibt hier nicht annähernd so genaue Anhaltspunkte wie beim Rot-, Dam- und Rehwild. Die Abnutzung der Kauflächen vermag also nur sehr grobe Hinweise zu geben, ob es sich um ein mittelaltes oder sehr altes Stück Schwarzwild handelt. Zu beachten ist, daß der letzte Backenzahn auch bei älteren Stücken vom Zahnfleisch sehr hoch eingeschlossen oder gar teilweise bedeckt sein kann. Man darf hier also nicht unbedingt auf ein erst kürzlich erfolgtes Durchbrechen dieses Zahnes schließen.

Abnutzung der Schneidezähne

Auch der Anschliff beziehungsweise die Abnutzung der beiden inneren, in einer Front stehenden Schneidezahnpaare kann grobe Hinweise darauf geben, ob es sich um ein noch junges, ein mittelaltes oder ein sehr altes Stück handelt.

Wachstum der Keilerwaffen

Die Keilerwaffen, und zwar sowohl die Gewehre (untere Eckzähne) als auch die Haderer (obere Eckzähne) wachsen zeitlebens weiter. Deshalb ist es auch nur ein vorübergehender Defekt, wenn einmal die Spitze eines Gewehres oder Haderers abbricht. Bei älteren Keilern sieht man solche kleinen Schäden häufiger, die dann nach einiger Zeit durch das ständige Wachstum der Waffen und den gegenseitigen Abschliff der Gewehre und Haderer wieder behoben sind.

Gewehrproportionen

Bis zum Alter von 7 oder 8 Jahren nimmt die Breite der Gewehre ständig zu. Dadurch kommt es, daß die Gewehre bis zu diesem Alter in Richtung auf ihr offenes Ende immer breiter werden, während sie später von hier bis zum Beginn der Schleiffläche eine gleichbleibende Breite haben (s. Abb. 8). Der Breitenunterschied der Gewehre unmittelbar unterhalb der Schleiffläche und kurz vor dem offenen Ende ist um so größer, je jünger der Keiler ist. Erst wenn die Gewehre an beiden Stellen gleichbreit sind, darf der Keiler auch in den Waffen als voll ausgewachsen und damit als mindestens sieben- bis achtjähriges Hauptschwein betrachtet werden.

Formzahl

Aus den genannten Breitenunterschieden läßt sich eine Formzahl errechnen. Dafür wird mit einer Schublehre der Gewehrdurchmesser etwa 1 cm (breiteste Stelle) über dem offenen Ende und unmittelbar vor Beginn der Schleiffläche gemessen und dann der erste Wert durch den zweiten geteilt:

Abbildung 8

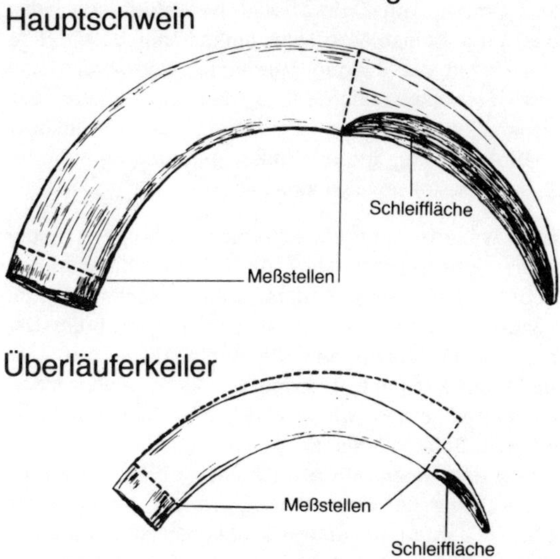

Vermessung der Keilerwaffen zur Bestimmung des Lebensalters. Nähere Bestimmungen im Text.

$$\text{Formzahl} = \frac{\text{Durchmesser am offenen Ende}}{\text{Durchmesser an der Schleifecke}}$$

Diese Formzahl wird auf zwei Dezimalen genau berechnet. Nach BRANDT (zitiert nach BRIEDERMANN) lassen sich Formzahl und Lebensalter einander folgendermaßen zuordnen:

Formzahl	Lebensalter des Keilers
um 1,80	ca. 1 Jahr
1,50—1,21	2—4 Jahre
1,20—1,05	5—7 Jahre
1,04—1,00	8 Jahre oder älter

WACKER hat neuerdings ein Büchlein zur Altersbestimmung von Schwarzwild herausgebracht, das u. a. eine Schieblehre-Tafel enthält, mit deren Hilfe man leicht die nötigen Messungen vornehmen und aus der man anschließend das Lebensalter des Keilers sowie seine Einstufung als Erntekeiler (Hauptschwein), grober Keiler, geringer Keiler oder Zukunftskeiler ablesen kann.

Schleiffläche

Eine weitere, sehr einfache und verbreitete, leider wohl nicht sichere Methode zur Bestimmung des Lebensalters eines Keilers richtet sich nach der Länge der Schleifflächen an seinen Gewehren. Dabei gilt als Regel, daß die Schleiffläche pro Jahr um 1 cm zunimmt, in jüngeren Jahren etwas mehr, in älteren etwas weniger. Einen Keiler mit etwa 6,5 cm Schleiffläche kann man schon als siebenjährig annehmen. Mit etwa 7 cm ist die höchstmögliche Länge der Schleiffläche erreicht. Im Alter von etwa 8 Jahren an aufwärts gleichen sich Zuwachs und Abschliff voll aus.

Haderer-entwicklung

Auch Größe und Form der Haderer geben Hinweise auf das Lebensalter eines Keilers. Anfangs wachsen sie aus den Knochenwülsten des Oberkiefers nach unten, fangen aber sehr bald an, sich nach oben zu krümmen. Beim zweijährigen Keiler sind sie noch pyramidenförmig. Dann bekommen die Haderer insgesamt eine von Jahr zu Jahr zunehmende Krümmung.

Merkmale des Hauptschweines

Ein Hauptschwein, d. h. ein Keiler von mindestens 7 bis 8 Jahren, muß die folgenden Merkmale vollzählig aufweisen: gleiche Breite der Gewehre unterhalb der Schleiffläche und kurz vor dem offenen Ende, Schleiffläche der Gewehre von mindestens 6,5 cm, kräftige, stark geschwungene Haderer mit ebenfalls deutlich geschwungener, langer Schleif-

Abbildung 9

Überläuferbache

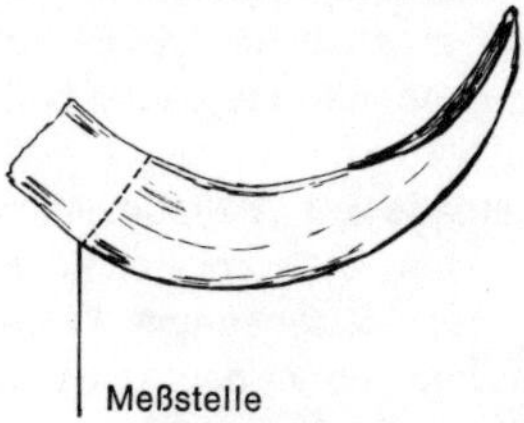

Breiteste Stelle der Haken dicht über der weit offenen Wurzel

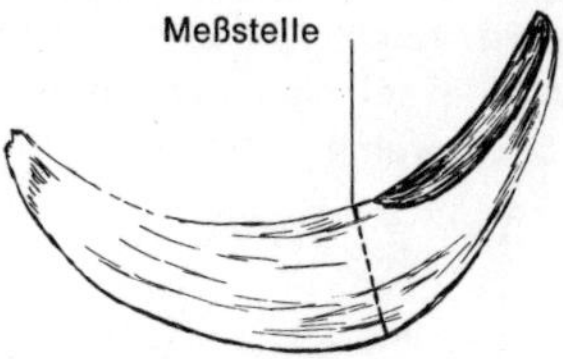

alte Bache

Wurzel fast geschlossen, breiteste Stelle der Haken dicht unter der Schleiffläche

fläche. Nur ein Keiler, dessen Waffen diese Eigenschaften aufweisen, kann als echtes Hauptschwein bezeichnet und dem Ia-Hirsch gleichgestellt werden.

Bachenhaken

Auch die unteren Bachenhaken können einen Aufschluß über das Lebensalter geben. Anfangs ähneln sie den Keilergewehren mit einem weit geöffneten Ende und zur Spitze hin abfallender Breite. Mit zunehmendem Lebensalter verjüngt sich das offene Ende immer mehr, bis schließlich nur noch eine ganz kleine Öffnung verbleibt. Dadurch verschiebt sich die breiteste Stelle der Haken immer mehr zur Spitze hin und liegt schließlich kurz vor Beginn der Schleiffläche (vgl. Abb. 9). Sowohl aus der Größe der Wurzelöffnung als auch aus der Lage der breitesten Stelle der Bachenhaken läßt sich also auf das Lebensalter einer Bache schließen. Genaue Werte fehlen allerdings bislang, so daß nur eine grobe Schätzung möglich ist, ob es sich um eine junge, mittelalte oder sehr alte Bache handelt.

Dubscher Dorn

Eine weitere Methode zur Altersbestimmung am erlegten Stück ist von DUB entwickelt worden, und zwar die nach dem sogenannten Dubschen Dorn, einem Knochendorn über dem Oberkiefer. Diese Methode ist allerdings recht kompliziert, weil sie ein sehr sorgfältiges Präparieren des gesamten Schädels erfordert. Auch scheint sie nicht sehr verläßlich zu sein. Sie sei hier deshalb nur der Vollständigkeit halber erwähnt.

XI. Trophäen

Keilerwaffen

Die bekanntesten Schwarzwildtrophäen, die — außer von ganz geringen Keilern — wohl stets aufgehoben werden, sind die Keilerwaffen: die Gewehre (Eckzähne des Unterkiefers) und die Haderer (Eckzähne des Oberkiefers). Am besten sehen sie aus, wenn sie auf ein dunkles Eichenbrett aufgesetzt sind.

Vermessung

Die sachgemäße Vermessung der Keilerwaffen geschieht folgendermaßen: Die Länge der Gewehre wird entlang der äußeren Krümmung in Zentimetern auf 0,1 cm genau ermittelt, bei abgebrochenen Gewehren nur die tatsächliche Länge. Die Breite der Gewehre wird — unter Auslassung etwaiger abnormer Auswüchse — an ihrer breitesten Stelle in Millimetern gemessen, der Umfang der Haderer an ihrer stärksten Stelle in Zentimetern auf 0,1 cm genau, wobei wiederum abnorme Auswüchse nicht mit gemessen werden dürfen. Siehe hierzu auch Abb. 10.

Bewertung

Die formelmäßige Bewertung der Keilerwaffen wird folgendermaßen vorgenommen:

1. durchschnittliche Länge beider Gewehre in Zentimetern;
2. durchschnittliche Breite beider Gewehre in Millimetern mal 3;
3. Summe des Umfanges beider Haderer in Zentimetern;

Abbildung 10

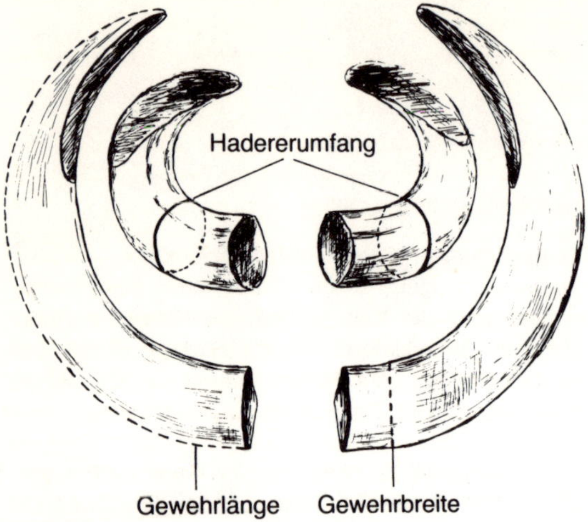

Vermessung der Keilerwaffen zur formelmäßigen Bewertung. Nähere Erklärung im Text.

4. 0 bis 5 Punkte Zuschlag für hervorragende Ausbildung der Gewehre und Haderer, bei letzteren wird auch die Krümmung mit berücksichtigt;

5. 0 bis 10 Minuspunkte für Fehler und Unregelmäßigkeiten, wobei beschädigte Gewehre jedoch nicht als unregelmäßig gelten.

Keilerköpfe

Gelegentlich werden auch ganze Keilerköpfe (also mit Schwarte usw.) präpariert, auf ein großes Holzschild aufgesetzt und an die Wand gehängt. Das sieht jedoch nur dann gut aus, wenn der Kopf von einem erstklassigen Präparator hergerichtet worden ist — sonst erinnert es manchmal an ein Gruselkabinett.

Von sehr starken Bachen kann man sich auch die den Keilerwaffen entsprechenden, jedoch schwächeren und etwas anders aussehenden Haken (Eckzähne der Ober- und Unterkiefer) wie Keilerwaffen aufsetzen lassen. **Bachenhaken**

Als weitere Trophäe finden von Wintersauen die langen Rückenborsten (Federn) Verwendung. Sie werden einzeln ausgezupft und machen sich — gekonnt gebunden — als Saustutz gut am Jägerhut, ähnlich wie ein Gamsbart. **Federn**

Im Jagdzimmer sehen auch Sauschwarten als Teppich sehr gut aus, treten sich allerdings mit der Zeit ab. Hierfür sind nur Winterschwarten geeignet, die dann jedoch die Füße sehr wärmen können und deshalb auch als Schreibtischunterlagen beliebt sind. Färbung und Behaarung können sehr unterschiedlich sein und hängen nicht von Geschlecht und Alter ab. **Sauschwarten**

Abbildung 11

XII. Feinde und Krankheiten

Übergeordnete Regulatoren

In den vom Menschen noch unberührten europäischen Lebensgemeinschaften wurde das Schwarzwild in erster Linie von Wolf, Bär und Luchs reguliert. Diese gibt es heute in genügender Zahl nur noch in wenigen osteuropäischen Gebieten. Bei uns wird gelegentlich einmal ein ganz junger Frischling vom Fuchs gerissen. Sonst hat das Schwarzwild bei uns keine nennenswerten natürlichen Feinde mehr.

Witterungseinflüsse

Durch Witterungseinflüsse können dagegen unter den Sauen gelegentlich recht hohe Verluste entstehen. In nassen und kalten Frühjahren und Sommern können schwache Frischlinge an Erkältung mit nachfolgender Lungenentzündung eingehen. Vor allem aber bei langer, hoher Schneelage oder in mastlosen Jahren bei langem, scharfem Frost, der ein Brechen im Boden verhindert, können bei fehlender oder ungenügender Fütterung zahlreiche Sauen eingehen. Überlebende Stücke sind nach langer und harter Wintersnot manchmal zum Skelett abgemagert, nehmen unter günstigen Verhältnissen aber schnell wieder zu.

Schweinepest

Die gefährlichste Krankheit unseres Schwarzwildes ist die Schweinepest. Es ist dies eine seuchenhaft auftretende, auch auf das Hausschwein und umgekehrt übertragbare Viruskrankheit. Beim Schwarzwild kann sie in stark übersetzten Beständen —

sowohl in Gatterrevieren als auch in freier Wildbahn — auftreten. Die Bestände werden dabei oft bis auf einige wenige überlebende Stücke vernichtet. In Seuchengebieten müssen alle krankheitsverdächtigen Sauen sofort erlegt und — wie auch alle verendet aufgefundenen Sauen — an Ort und Stelle tief eingegraben werden.

Tollwut

Tollwut ist beim Schwarzwild bisher erst in sehr seltenen Einzelfällen festgestellt worden, sehr viel seltener als z. B. beim Rehwild. Das ist bemerkenswert, da die Sauen ja gern Fallwild und dabei sicherlich auch an Tollwut eingegangene Tiere aufnehmen. Immerhin ist auch hinsichtlich der Behandlung und Verwertung von Schwarzwild bei Tollwutverdacht Vorsicht am Platze.

Sonstige Infektionskrankheiten

Zwar können beim Schwarzwild auch noch einige andere Infektionskrankheiten auftreten und in Einzelfällen tödlich enden, doch können sie den Beständen keinen nennenswerten Abbruch tun. Namentlich erwähnt seien (nach SCHULZE) die Pasteurellose der Schweine (Schweineseuche), der Schweinerotlauf, die Aujeszkysche Krankheit und die Schweinelähme.

Fallwild und Meldepflicht

Beim Auffinden von Fallwild mit unbekannter Todesursache sollte man immer einen Tierarzt hinzuziehen oder das Stück schnellstens an das Institut für Jagdkunde (3400 Göttingen-Weende, Büsgenweg 3) beziehungsweise an das nächste Veterinäruntersuchungsamt einsenden, insbesondere dann, wenn Verdacht auf eine seuchenhafte Krankheit besteht. Jeder Tierarzt und jedes Veterinäruntersuchungsamt geben auch Auskunft über die etwaige Meldepflicht nach dem Viehseuchengesetz sowie über andere, nach den veterinärpolizeilichen Bestimmungen zu treffende Maßnahmen.

Innenparasiten

Trichinen und Finnen können beim Schwarzwild wie beim Hausschwein vorkommen, weshalb auch das Schwarzwild der gesetzlich vorgeschriebenen Fleischbeschaupflicht unterworfen ist. Allerdings sind in Deutschland Trichinen außerordentlich selten. Dem Schwein selbst tun sie nichts, können beim Menschen aber die gefürchtete Trichinose verursachen. Diverse andere Innenparasiten, insbesondere verschiedene Magen-, Darm- und Lungenwürmer, können beim Schwarzwild vorkommen, haben aber normalerweise keine größere praktische Bedeutung. Lediglich in stark besetzten Gatterrevieren können einige zum Kümmern führen.

Außenparasiten

Auch die diversen Außenparasiten haben keine nennenswerte Bedeutung. Lediglich in Gatterrevieren kann bei allgemein geschwächter Widerstandskraft der Sauen die Sarcoptesräude in größerem Umfang auftreten.

Unfälle und Vergiftungen

Wo Schwarzwildreviere von verkehrsreichen, schnellbefahrbaren Straßen durchschnitten werden, kommt es immer wieder zu Verkehrsunfällen mit Schwarzwild. Schon der Zusammenstoß mit einem Überläufer oder der Versuch, dem Wild auszuweichen, kann für Kraftfahrzeug und Insassen bei hoher Geschwindigkeit schlimme Folgen haben. Auch für das Wild endet ein Zusammenstoß meist tödlich. Allerdings sind die Sauen oftmals nicht sofort tot, sondern liegen mit gebrochenen Läufen oder gebrochenem Rückgrat am Rande der Straße oder schleppen sich schwerverletzt in eine nahe Dickung. Für den Revierinhaber ist es eine Selbstverständlichkeit, daß auch solche Stücke nachgesucht und so schnell wie möglich von ihren Qualen erlöst werden. Beim Zusammenstoß eines Kraftfahrzeuges mit einer Rotte werden oftmals mehrere Stücke getötet.

Gelegentlich können in der Kulturlandschaft Unfälle mit diversen anderen Ursachen oder auch Vergiftungen auftreten. Beim Verdacht auf Vergiftung sollte das verendet aufgefundene Stück ebenfalls an das Institut für Jagdkunde oder an ein Veterinäruntersuchungsamt eingesandt werden, möglichst unter näherer Begründung des Verdachtes.

Schwarzwildliteratur

Nachdem das Schwarzwild in der jagdlichen und naturwissenschaftlichen Literatur lange Zeit sehr stiefmütterlich behandelt worden ist, sind in neuerer Zeit zunehmend Veröffentlichungen über diese Wildart erschienen. Eine umfangreiche Zusammenstellung der (vor allem der neuen) Schwarzwildliteratur erfolgte in der von mir verfaßten, in der BLV Verlagsgesellschaft, München, erschienenen umfassenden Monographie über das Schwarzwild. Nachfolgend ist eine Auswahl der wichtigsten Schwarzwildliteratur aufgeführt.

BEHRNDT, W. (1977): Für eine Bewirtschaftung des Schwarzwildes. Niedersächsischer Jäger, 22. Jg., Nr. 21.

BEHRNDT, W. (1979): Abschußplan für Schwarzwild? Niedersächsischer Jäger, 24. Jg., Nr. 12, S. 563–569.

BIEGER, W. und F. NÜSSLEIN (1979): Die Bewertung der europäischen Jagdtrophäen. 6. Aufl. Verlag Paul Parey, Hamburg und Berlin.

BOBACK, A. W. (1957): Das Schwarzwild. Neumann-Verlag, Radebeul.

BRAUNSCHWEIG, A. v. (1976): Wildkrankheiten. Landbuch-Verlag, Hannover.

BRIEDERMANN, L. (1965): Die Altersbestimmung erlegten Schwarzwildes. Merkblatt Nr. 22 der Arbeitsgemeinschaft für Jagd- und Wildforschung der DAL, Berlin.

BRIEDERMANN, L. (1966): Die Schwarzwildbewirtschaftung in Therorie und Praxis. Merkblatt Nr. 23 der Arbeitsgemeinschaft für Jagd- und Wildforschung der DAL, Berlin.

BRÜTT, E. (1976): Das Schätzen von Wildschäden. Landbuch-Verlag, Hannover.

BUBENIK, A. B. (1984): Ernährung, Verhalten und Umwelt des Schalenwildes. BLV Verlagsgesellschaft München.

FISCHER, M. und H.-G. SCHUMANN (1973): Ansprechen des Schwarzwildes. 2. Aufl. VEB Deutscher Landwirtschaftsverlag, Berlin.

HECK, L. und G. RASCHKE (1980): Die Wildsauen. Verlag Paul Parey, Hamburg und Berlin.

HENNIG, R. (1963): Schwarzwildhege – Schwarzwildjagd. Landbuch-Verlag, Hannover.

HENNIG, R. (1981): Schwarzwild. BLV Verlagsgesellschaft, München.

KIESSLING, W. (1925): Das Schwarzwild. Verlag J. Neumann, Neudamm.

MEYNHARDT, H. (1978): Schwarzwild-Report. Verlag J. Neumann-Neudamm, Melsungen.

MOHR, E. (1960): Wilde Schweine. A.-Ziemsen-Verlag, Wittenberg.

OLOFF, H.-B. (1951): Zur Biologie und Ökologie des Wildschweines. Verlag Dr. Paul Schöps, Frankfurt a. M.

SCHULZE, H. (1965): Die Krankheiten des Wildes. F.-C.-Mayer-Verlag, München.

SIEBOLD, W. (1949): Das Schwarzwild. Verlag Naturkundliche Korrespondenz, Berlin.

SNETHLAGE, K. (1974): Das Schwarzwild. 6. Aufl. Verlag Paul Parey, Hamburg und Berlin.

SNETHLAGE, K. und K. H. (1966): Schwarzwildfibel. Verlag Paul Parey, Hamburg und Berlin.

STAHL, D. (1979): Mehr Freude am Schwarzwild. Die Pirsch, 31. Jg., Nr. 6.

STAHL, D. (1980): Das Lüneburger Modell 80. Wild und Hund, 83. Jg., Nr. 2.

TEUWSEN, N. (1977): Bejagungsrichtlinien für das Schwarzwild im Kreis Lüneburg. Niedersächsischer Jäger, 22. Jg., Nr. 2.

TEUWSEN, N. (1980): Das Lüneburger Modell. Niedersächsischer Jäger, 25. Jg., Nr. 9, S. 482–484.

TÜRCKE, F. (1976): Schwarzwild. Zur Bewirtschaftung im europäischen Raum. Referat, gehalten vor dem Internationalen Jagdrat zur Erhaltung des Wildes – CIC – in Brüssel am 23. Mai 1976, nachgedruckt in Wild und Hund, 79. Jg., Nr. 18.

UECKERMANN, E. (1977): Der Schwarzwildabschuß. Verlag Paul Parey, Hamburg und Berlin.

WACKER, F. (1978): Altersbestimmung Schwarzwild. Verlag Dieter Hoffmann, Mainz.

WAGENKNECHT, E. (1967): Bewirtschaftung unserer Schalenwildbestände. 2. Aufl. Deutscher Landwirtschaftsverlag, Berlin.

WAGENKNECHT, E. (1975): Schwarzwild-Bewirtschaftung. Niedersächsischer Jäger, 20. Jg., Nr. 23–24.

WETZEL, R. und W. RIEK (1962): Krankheiten des Wildes. Verlag Paul Parey, Hamburg und Berlin.

Führende Bachen mit gut sichtbarem Gesäuge, oben im Winterhaar, unten im Haarwechsel.

Bache mit etwa 2 bis 3 Wochen alten Frischlingen.

Bache mit Frischlingen im Sommer. Der lange, spitze Bachenschädel und das Gesäuge sind deutlich zu erkennen.

Bachen mit mehrere Monate alten Frischlingen.

Überläufer.

Hauptschwein. In dem wuchtigen Keilerhaupt sind die Waffen und die hochgezogene Oberlippe zu erkennen.

Bei diesem Hauptschwein erkennt man auch Pinsel, Kurzwildbret
und quastartigen Pürzel.

Typische Keilerköpfe –
auch wenn die Waffen nicht
oder nur andeutungsweise
zu sehen sind.

Hauptschwein allein (oben) und im Vergleich zu einer starken Bache (unten).

Außer den noch gestreiften Frischlingen suhlen alle Sauen gern.

Durch Trittsiegel und ganze Körperabdrücke können die Suhlen dem Jäger wertvolle Hinweise geben.

Die voll ausgereifte Winterschwarte schützt auch vor grimmigster Kälte.

Trotzdem sind die Sauen in der Notzeit auf die Fürsorge des Hegers angewiesen.

Noch jüngerer Keiler im Winterwald –
man vergleiche mit den Hauptschweinen auf den Bildseiten 6 bis 9!

Ich bitte um Aufnahme
in Ihre Interessentenkartei:

____
Name

____
Straße

____
(Postleitzahl) Ort

Meine besonderen Interessengebiete:

Als weitere Interessenten nenne ich:

Diese Karte lag in dem Buch:

Werbeantwort

LANDBUCH-VERLAG GMBH

Postfach 160

3000 Hannover 1

Inhaltsverzeichnis